没有法兰西就没有美利坚

就没有美利坚

美国建立与发展过程中的法国力量

[法] 让·朱尔斯·朱瑟兰德 著

安丰科 译

中国出版集团 东方出版中心

图书在版编目（CIP）数据

没有法兰西就没有美利坚：美国建立与发展过程中的法国力量 / (法) 让·朱尔斯·朱瑟兰德著；安丰科译. -- 上海：东方出版中心，2024. 8. -- ISBN 978-7-5473-2481-3

Ⅰ. D856.52；D871.22

中国国家版本馆CIP数据核字第202481931V号

没有法兰西就没有美利坚：美国建立与发展过程中的法国力量

著　者　[法]让·朱尔斯·朱瑟兰德

译　者　安丰科

责任编辑　王　婷

特约编辑　王　清

装帧设计　极宇林

出 版 人　陈义望

出版发行　东方出版中心

地　址　上海市仙霞路345号

邮政编码　200336

电　话　021-62417400

印 刷 者　固安兰星球彩色印刷有限公司

开　本　890mm×1240mm 1/32

印　张　10.375

字　数　190千字

版　次　2024年11月第1版

印　次　2024年11月第1次印刷

定　价　70.00元

Preface

译者序

让·朱尔斯·朱瑟兰德（1855—1932），法国作家、历史学家、外交官、首届普利策历史奖获得者。1855年2月18日出生于法国里昂。他在里昂大学接受教育，深入研究文学、科学、法学和历史，先是获得了历史和法律两个本科文凭，后来获得历史学博士学位。1876年，他开始从事外交工作。1878年，他被任命为法国驻伦敦领事助理。1898年，他被任命为法国驻哥本哈根全权公使。1902年，他出任法国驻美国大使，常驻华盛顿。在此期间，他代表法国经历了西奥多·罗斯福、威廉·霍华德·塔夫脱、伍德罗·威尔逊、沃伦·哈丁和卡尔文·柯立芝五位美国总统的任期。他是西奥多·罗斯福总统的密友。1919年，他积极参与了《凡尔赛条约》的起草工作。1932年7月18日，他因肾病在巴黎的家中逝世。他是一位享有盛誉的中世纪英国文学学者，代表作品包括《中世纪的英国：威廉·朗兰的神秘史诗》《农夫皮尔斯》和《英国文学史》。他的重要著作《没有法兰西就没有美利坚》荣获1917年首届普利策历史奖。

《没有法兰西就没有美利坚》一书基于大量美国国会图书馆的档案和未出版的私人信件，从全新的视角重新阐释了美国独立战争、美国首都的建设、美国内战，深刻剖析了法国力量对美国建立和发展的重要作用：没有法兰西就没有美利坚。

本书共7章。第1章以罗尚博伯爵与华盛顿之间的关系为主线，解读了法国人对美国人和英国人的不同态度，剖析了法国帮助美国实现独立的动机。此外，本章进一步讲述了法国大革命结束后罗尚博伯爵的经历。第2章讲述了朗方上校对华盛顿城建立的重要贡献。有趣的是，尽管朗方上校在城市建设工作尚未完成时便被解雇，一些最初的构想因此未能实现，但在1902年1月由丹尼尔·H.伯纳姆、查尔斯·F.麦金、圣高登斯和F.L.奥尔姆斯特德组成的"园区委员会"和参议院委员会提交的关于改善和发展华盛顿市的报告中指出："华盛顿市的最初规划经过了一个世纪的考验，得到了普遍的认可。对这一规划的偏离令人遗憾，我们要尽可能补救。"第3章讨论了华盛顿对法国盟友态度的变化。他从最初的怀疑转变为后来的尊重，与在他麾下服役的法国军官保持密切联系，并与他们建立了持久友谊。尽管华盛顿从未到访过法国，但从他的书信来看，他对法国非常了解。1789年10月13日，华盛顿给美国驻法国公使古弗尼尔·莫里斯写信说："法国发生的革命，性质如此奇妙，以至人们很难意识到这一点。如果革命像我们1789年8月1日的报道所预测的那样结束，这个国家就将成为欧洲最强大、最幸福的国家。但我担心，虽然它成功地度过了第一次危机，但在事情最终解决之前，还会再次遇到危机。总而言之，革命的规模太大了，不可能在这么短的时间内，以这么少的流血牺牲就完结。国王遭受的屈辱、王后的阴谋及王子和贵族的不满，都有可能会在国民议会中煽动分裂。'人民无法无天'也同样令人忧虑。要避免从一个极端跑到另一个极端不是一件容易的事。如果是这样的话，目前看不见的礁石和浅滩都可能会使船沉没。"华盛顿一语成谶，后来，法国大革命造成了恐怖统治。第4章研究了法国人对林肯这位伟人的印象。法国人对林肯反对奴隶制的立场深感钦佩。林肯遇刺身亡后，法国人举行了沉痛的悼念活动，高度评价了林肯的历史贡献和献身精神。第5章详述了在本杰明·富兰克林诞辰两百周年时一枚特别纪念徽章诞生的过程。法国人很喜欢富兰克林，而富兰克林也坚定地支持法国。富兰克林勋章是美国赠予法国的礼物。作为回报，1906年，旧金山发生地震后，法国铸造了一枚描绘着一座从废墟中崛起的城市的特别徽章，并于1910年赠予旧金山市市长。第6章讲述了作者与哲学家、莎士比亚研究者霍勒斯·霍华德·弗内斯之间的交往，剖析了人与人之间、国家与国家之间的立场和关系。第7章聚焦于战争与和平。作者通过对一些学者的观点和著作的分析，认为战争不是人类的宿命，人类有可能远离战争。人类世界是理性的，非人类的世界是没有理性的，"将无理性的虫兽的命运及境况推及具有理性的人类"是荒谬的。

作者出版本书的出发点是回顾和总结历史，落脚点是为现实服务。当时，第一次世界大战进入战略相持阶段，协约国集团亟需一支生力军的加入，打破力量的平衡，实现战局的扭转。所有欧洲的政治家一致认为，这支力量就是美国。作者以史为鉴，告诉美国政府，与法国结盟则美国兴，因此美国加入法国所在的协约国集团是英明之举，而历史的走向表明，作者的观点是科学的、透彻的、高瞻远瞩的、预言性的。

Dedication

献 词

十三年前的今天，新上任的法国①驻美国大使向美国递交了国书。作为大使，他年纪不算大。当时的美国总统②也很年轻，实际上，他是美国历史上最年轻的总统。按照惯例，这位新任大使和总统分别发表演说，随后开始了第一次会谈。后续有一系列会谈，涉及的话题多种多样，不都和外交相关。一位热心、和蔼可亲、学识渊博的作家③，曾著有《派克郡民谣》（*Pike County Ballads*）和《林肯传》（*The Life of Lincoln*），他以美国国务卿的身份出席了相关会议。

　　这位初来乍到的外国人对美国的第一印象是——高度包容、奋发勤勉。这一印象最早源于儿时每个星期送到家里的画报，上面曾刊登过格兰特④率领的大胡子士兵（bearded soldiers）和李⑤率领的那个年代所谓的"法国兔兵（Poilus）"交战的花哨的图片。此外，他对美国的印象还来自库珀⑥的故事——猎鹿人坐在火炉旁，像艾凡赫（Ivanhoe）⑦一样，血气方刚、慷慨激昂。再后来，美国宣布独立。"皇后大街（Rue de la Reine）"更

①　本书中的"法国"经历了法兰西王国、法兰西帝国、法兰西共和国等多个时期。——译者注
②　即西奥多·罗斯福（Theodore Roosevelt，1858—1919）。——译者注
③　即约翰·海伊（John Hay，1838—1905）。——译者注
④　即尤里西斯·S.格兰特（Ulysses S. Grant，1822—1885）。——译者注
⑤　即罗伯特·E.李（Robert E. Lee，1807—1870）。——译者注
⑥　即詹姆斯·费尼莫尔·库珀（James Fenimore Cooper，1789—1851）。——译者注
⑦　苏格兰小说家沃尔特·司各特（Walter Scott，1771—1832）作品中的主人公。——译者注

名为"富兰克林大街（Rue Franklin）"。他们家只有在冬季才会住在那条街上。这些就是他对美国的全部印象。

十三个年头，在一位大使的职业生涯中算很长时间了，即使对于像美国这样年轻的国家来说，十三年也并非无足轻重。我亲眼见证了美国发展的第十一个阶段。在我任职期间，美国的人口数量增加了大概20%~50%；又有三个州并入美国版图，州总数达到四十八个；美法之间的贸易往来也增加了一倍；美国海军吨位增加了一倍还不止；此前，巴拿马运河还不归美国管控；美国人也还没见过飞机；几乎没有人开汽车……至于当时的艺术家、思想家、幽默作家、评论家和科学家，如拉法基[1]、麦金[2]、圣高登斯[3]、威廉·詹姆斯（William James）、马克·吐温（Mark Twain）、弗内斯[4]、纽康[5]韦尔·米切尔（Weir Mitchell）等人，在这十三年里纷纷离世，并且名垂青史。

白宫的演讲结束后，一场又一场的演讲接踵而来。在这之前，我还不能自如地在公众场合发表演讲。我本以为这一行也没有太多技术含量，可现实并非如此。我很快就发现演讲能力与演讲者的品位或性格无关，而礼貌和善意非常重要。面对机智、友

---

[1]　即约翰·拉法基（John La Farge, 1835—1910）。——译者注
[2]　即罗伯特·麦金（Robert McKim, 1828—1900）。——译者注
[3]　即奥古斯都·圣高登斯（Augustus Saint-Gaudens, 1848—1907）。——译者注
[4]　即霍勒斯·霍华德·弗内斯（Horace Howard Furness, 1833—1912）。——译者注
[5]　即西蒙·纽康（Simon Newcomb, 1835—1909）。——译者注

善、热心的美国人，演讲也没那么难。他们对那些付出了努力的人一直都很包容。

我慢慢开始在各种场合就各种话题发表演讲——从独立战争的起源说到美国植树造林，从南北战争讲到婴儿死亡率，等等。很多演讲是即兴的；也有很多话题是我在繁重的工作之余尽心尽力做过一番研究的，这也还算是对得起演讲者本人和听众了。

研究了法美两国的发展历程后，我相信任何内心公正的人都会得出这样的结论：过去两国有过诸多奇妙的联系，如今又有着同样的目标、大体上面临着同样的问题。这两个隔海相望的共和制国家，一个有着将近半个世纪的历史，另一个的历史是其三倍之久。因此，不是说两国要多亲密无间，至少也要和睦相处，只要条件允许，就应分享经验、互相帮助。两国之间合作过不止一次，将来无疑也会再次合作。这种关系不管对两国来说，还是对自由开放的世界来说，都是百利而无一害的。目前法国面临困境，而美国老百姓们表现出的慷慨，令人难忘。

我的前辈，外交先驱杰拉德·德·雷内瓦尔（Gérard de Rayneval）现在是驻华盛顿外交使团的团长。当他在费城独立大厅的高台上，向国会递交第一份国书时（当时的外交使团仅有杰拉德·德·雷内瓦尔一人），我就冒昧地想从法美关系的角度，收集一些针对最引人关注的人或事的研究；再加上三篇演讲稿，都是原文呈现。唯愿读者能像当初演讲时的听众那样，对这些文章温柔以待。

　　已在美国生活十三年之久的我，衷心地向如今美国的四十八个州献上美好的祝愿。同时谨奉上拙文以纪念过去的时光。

致

美国最初的十三个州

让·朱尔斯·朱瑟兰德

1916年2月7日于华盛顿市

Contents

目　录

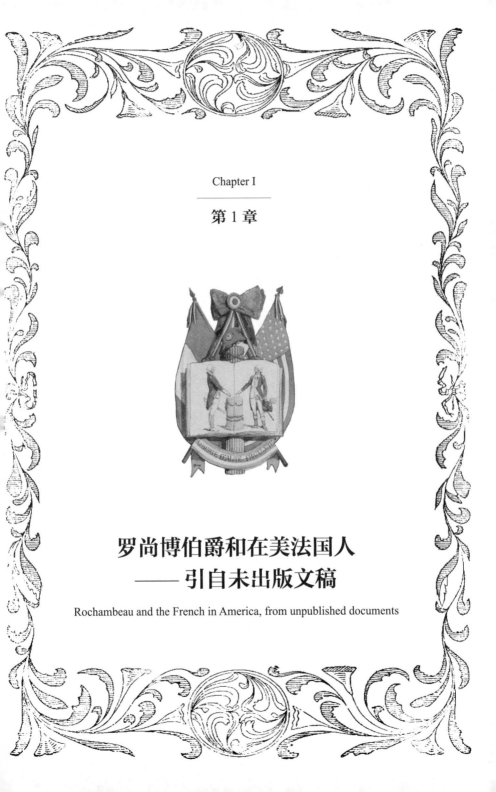

Chapter I

第 1 章

罗尚博伯爵和在美法国人
——引自未出版文稿

Rochambeau and the French in America, from unpublished documents

美国独立战争已经进行了五年。美法同盟条约也已缔结了两年，该盟约的唯一目的是"有效维持美国的自由、主权、独立绝对不受限制"，它使我们法国人与"叛乱分子"共同经历了布鲁克林战役（Battle of Brooklyn）、特伦顿战役（Battle of Trenton）、布兰迪万河战役（Battle of Brandywine）、萨拉托加战役（Saratoga Campaign），时而捷报频传，时而溃不成军。最近，德斯坦伯爵（Comte d'Estaing）在格林纳达（Grenada）取得海上和陆上双重胜利的消息传来，法国人民都情绪高涨。然而，还没高兴多久，就传来了他在萨凡纳（Savannah）战败的消息。这场旷日持久、前途未卜的战争让整个法国都感到焦虑不安。

　　在1780年的头几个月，有报道说英国要奋力一搏，这次不是向美国派遣几艘军舰那么简单，而是要大兵压境。一出大戏即将开幕，人们都摩拳擦掌、拭目以待。我们可以远渡重洋来援助这个为正义而战的民族。这个民族的领袖是乔治·华盛顿（George Washington），本杰明·富兰克林（Benjamin Franklin）是这个民族驻巴黎的代表。我们所有的士兵都赞扬这个民族的美德。像十字军士兵一样的热情在法兰西青年们的心中重燃，而这次远征实际上也是十字军东征以来法国在海外进行的最重要的一次远征。这是一项真正神圣的事业——为自由而战。"自由"是一个神奇的词汇，当时触动了许多人的心。伏尔泰曾说过："为什么自由如此可贵？因为它是无价之宝。"

那些有幸被允许参加此次远征的人，必定会见证令人难忘、也许是独一无二的事件。这次远征也是法国在过去一千年中参与的三次意义最为重大的军事行动之一。其余两次分别是：1066年的黑斯廷斯战役（Battle of Hastings），此战决定了英国①的命运；另一次是1214年的布汶战役（Battle of Bouvines），此战确立了法兰西王国的强国地位。

为自由而战的心态的一个显著结果是，有众多加入战斗的人通过写日记、画草图记录对战争的印象。没有哪次军事行动期间产生过如此多的文学作品和如此多的画册。

因为参战者们观察和叙述的热情高涨，我们收集到了各种各样的人留下的笔记、书信、日记和札记。罗尚博伯爵（Comte de Rochambeau）②这样的陆军将领留下了日记和实录；沙特吕侯爵（Marquis de Chastellux）③这样的参谋长留下了日记和回忆录，他是法兰西学院的成员，改编过莎士比亚的作品，写过《公众的幸福》（*Félicité Publique*）——富兰克林认为这部著作表明沙特吕侯爵是"人类真正的朋友"；随军神父罗宾（Abbé Robin）叙述了自己的所见所闻。对这场战争持怀疑态度的洛

---

① 本书中的"英国"经历了英格兰王国、大不列颠王国、大不列颠与爱尔兰联合王国等时期。——译者注

② 即让-巴普蒂斯-杜纳坦·德·维缪尔（Jean-Baptiste-Donatien de Vimeur，1725—1807）。——译者注

③ 即弗朗索瓦-让·德·沙特吕（François-Jean de Chastellux，1734—1788）。——译者注

赞公爵（Duke de Lauzun），英俊、无礼、放肆、浪荡，犹如唐璜（Don Juan）转世；但他又是一名勇敢、顽强、优秀的士兵，和他的几个同伴一样，最后上了断头台。在他的日记里，战斗故事和爱情回忆交替出现。此外，还有各级军官的日记，如德蓬伯爵（Count de Deux-Ponts）；布罗意亲王（Prince de Broglie），也上了断头台；塞居尔伯爵（Count de Ségur）是陆军元帅的儿子，后来当上了院士，又做了大使；马蒂厄-杜马（Mathieu-Dumas），后来当上了那不勒斯国王约瑟夫·波拿巴（Joseph Bonaparte）的战争大臣（当时的约瑟夫·波拿巴还不为人知）；来自瑞典的伯爵阿克塞尔·德·弗森（Axel de Fersen）是罗尚博伯爵的助手之一，负责安排法国王室逃亡瓦雷纳（Varennes），后来在瑞典被暴徒杀害；罗尚博伯爵的另一个助手克罗莫特-杜布男爵（Baron Cromot-Dubourg）留下了笔记、地图和素描；还有布朗夏尔（Blanchard）这样谦虚的军需官，他写日记的视角与众不同，观察到了别人没有注意到的东西，他的语气就像一个随从，与同伴们的领袖气度形成了鲜明的对比。

一页一页地翻看，我们能看到其中出现了拉法耶特侯爵（Marquis de Lafayette）[①]、科希丘什科（Kosciusko）等最初的积极分子。还有许多默默无闻的人，其名字永远不会再被记起：贝

---

① 即吉尔贝·迪莫捷（Gilbert du Motier, 1757—1834）。——译者注

尔捷（Berthier）、拉佩鲁斯（La Pérouse）、拉塔奇-特雷维尔（La Touche-Tréville）、拉梅特兄弟（Lameth brothers）、布干维尔（Bougainville）、屈斯蒂纳（Custine）、协助王室出逃瓦雷纳的布耶（Bouillé）、"拉贝尔·普尔"号战斗中的拉克罗谢特（La Clocheterie）、将在立宪会议中担任战争大臣的迪波塔尔（Duportail）；年轻的塔列朗（Talleyrand）是后来某位政治家的兄弟；年轻的米拉博（Mirabeau）是某位演说家的兄弟，他本人通常以身材魁梧而闻名，被称为"酒桶米拉博"，要么拿着酒杯，要么举着剑；年轻的圣西蒙[①]（Saint-Simon），当时还不是和平主义者，也不是圣西蒙主义者；叙弗朗（Suffren），他的海军中队已经迎来了未来的指挥官巴拉斯（Barras），巴拉斯当时是本地治里团的军官。在某种程度上，这些人代表了法国的过去，更重要的是他们也代表着法国的未来。

有些日记已经出版，比如在美国印刷的克罗莫特-杜布男爵日记的英语版[②]，但有些已经遗失，还有一些仍未发表。尽管关于这场战争已经有了很多描述，也很详尽，但有了这些新资料、新文献，我们就可以再一次跟随华盛顿和罗尚博伯爵的脚

---

① 在美国独立战争中，他表现出色。他后来写道："战争本身并没有引起我的兴趣，但战争的目的使我兴致盎然。我心甘情愿地参加了战争，并对自己说：'我想要这种结局，我必须采取这种手段。'"他受了伤，后来被提拔了。参见《圣西蒙著作集》（*Euvres*），1865年，第1、2卷。——原注

② 参见《美国历史杂志》（*Magazine of American History*），1880年3月。——原注

步，以不同方式重温从哈得孙河到约克河的重要旅程。这两人的文稿保存在国会图书馆中，仅有一部分可供使用。这些未发表的手稿提供了一份朴实的记录，与军队首脑们冷静又严肃的官方报告形成对比。手稿的副本也保存在国会图书馆，由罗尚博伯爵的另一个助手克洛森男爵路易（Louis Baron de Closen）整理。这名助手心思缜密、乐观热心，凡是与职责有关的事，他都认真对待；与责任无关的事，尤其是麻烦事，他也都尽心尽力去做。华盛顿的一些未发表的信函也提供了有用的信息。有些信函上面的题字都还保存完好，如："公文——致弗吉尼亚威廉斯堡的罗尚博伯爵阁下"。全文都是这位杰出领袖特有的笔迹，苍劲有力、不徐不疾、毫不含糊、没有遗漏、没有赘笔、没有缩写。写信人一生坦荡，问心无愧，超越了财富利益，超越了党派之争。

此外，英国政府非常慷慨地公开了档案。无论是开战后伦敦印刷的敌对双方相互谴责的小册子，还是现在可以看到的这些信函，都诉说着在纽约内外、在约克镇的碉堡内、在法国和在美国的战壕里，每天都在发生些什么。

罗尚博伯爵当时五十五岁，比华盛顿年长七岁，1780年3月初，他还住在巴黎谢尔什–米迪大街（Rue du Cherche-Midi）的府邸①。他病了，正准备动身去旺多姆（Vendomois）的罗尚博城堡。驿马已经备好。他在回忆录中写道："午夜，我收到了送信人传来的命令，让我去凡尔赛宫接受陛下的旨意。"②谣言已经传了一阵子了，都说法国要有大动作。罗尚博伯爵被告知消息是真实的，他将被任命为援美军队的指挥官。

这项任务非比寻常。为了避开英国舰队，罗尚博伯爵的军队要乔装成行动缓慢的运输船队前往新大陆，去一个鲜为人知的国家打仗，和那些习惯与我们法国人为敌而不是交好的人一起战斗。出征的理由是"为了共和国的自由"，这样的理由在凡尔赛宫也是闻所未闻。

这理由太出乎意料，就连从前和法国人交好的印第安人在北美洲见到罗尚博伯爵时，也问他，法国国王怎么会认为有必要帮助别人去对抗他们的国王——"他们自己的父"呢？印第安人得到的答案是："他们的父对臣民太过苛刻，因此，他们挣脱枷锁是正义的。我们在帮助他们获得上帝赐予人类的自由。"

这段对"荒蛮之地的某位先生"的答复是有启发性的。它揭示了是什么样的潜在力量使法兰西民族克服所有障碍，团结一

---

① 一幢十分漂亮的建筑，现在是劳动部的办公室，花园已不复存在。——原注
② 《前法国元帅和荣誉团的高级军官罗尚博伯爵的军事、历史和政治回忆录》（*Mémoires militaires, historiques et politiques de Rochambeau, ancien maréchal de France et grand officier de la Légion d'honneur*）（2卷本），巴黎，1809年，第1卷，第235页。——原注

心，同仇敌忾，始终如一地支持美国人，冒着极大的风险与其缔结盟约，却一无所求。尽管战后的和平并没有为法国带来财富，但法国人依然为和平欢欣鼓舞。这种力量正是源自法国人对"上帝赐予人类的自由"日益高涨的热情。

1763年，《巴黎条约》的苛刻条款使法国失去了加拿大，这加剧了法国人对英国的仇恨，但这种仇恨并不像人们有时说的那么强烈。虽然这种感觉存在于一些领导人的心中，但不是在所有领导人的心中；有些军官会这么想，但并非所有军官都这么想。在这个国家的大众中占主导地位的是，对"想要与不公正做斗争并争取自由的人"的同情，而不考虑其他任何因素。美国人要求独立的原因很能被接受，因为它与自由的概念联系在一起。法国人就看中了这一点。[1]

人们常常忘记，彼时的法国不是处于"仇英恐英"时期，而是处于"狂热亲英"时期。雅克·内克尔（Jacques Necker）的影响力如此之大，他既掌管着财政大权，又是一个亲英分子。战争大臣蒙巴雷亲王（Prince de Montbarey）和洛赞公爵也是如此。洛赞公爵暂时把自己的风流韵事放在一边，率领他声名显赫

---

[1] 拉法耶特侯爵的助手之一、后来成为莫雷伯爵（Comte de Moré）的蓬吉博（Pontgibaud），在同亚历山大·汉密尔顿（Alexander Hamilton）谈话时说："当然，保持中立并利用英国的困境来夺回加拿大符合法国的利益。但这样做会与舆论的普遍趋势背道而驰，于是人们走上了一条相反的道路。"摘自《莫雷伯爵回忆录》（*Mémoires du Comte de Moré*），巴黎，1898年，第169页。——原注

的军队来到了美国。当时，英国的一切都会受到崇拜，如果可能的话，甚至会被模仿，例如礼仪、哲学、运动、服装、议会制度。在法国国王路易十六（Louis XVI）和王后的资助下，皮埃尔·勒图纳尔（Pierre Le Tourneur）把莎士比亚的作品翻译成了法语。塞居尔伯爵写道："最重要的是，我们都梦想着获得英国全体公民所享有的既平静又崇高的自由。"①

"自由"是一个经常出现的词。"自由""博爱""天赋人权"，这些词汇都是有魔力的。我们在弗里德里希·梅尔希奥·格林（Friedrich Melchior Grimm）和德尼·狄德罗（Denis Diderot）的信函中读到，"所有法国人都对人类充满了无限的爱，对名言充满了热情。夸大其词的口号会激发出年轻人的热情，使他们不惜跑到世界的尽头去帮助拉普兰人（Laplander）或霍屯督人（Hottentot）"。体现孟德斯鸠（Montesquieu）思想的著作《论法的精神》（*Esprit des Lois*）一年之内发行了二十二版。伏尔泰和达朗贝尔（d'Alembert）的思想都愈发受欢迎。开明的思想家们从美国人的宣传中看到了自己的主张。1776年，威廉·豪（William Howe）将军占领纽约后，伏尔泰写信给达朗贝尔说："富兰克林博士的军队已经被英军打败了。唉！哲学家们到处挨打。理性和自由在这个世界上是不受欢迎的。"

---

① 《回忆录、记忆和轶事》（*Mémoires, souvenirs et anecdotés*）（3卷本），巴黎，1824年，第1卷，第140页。此书英译本于1825年在伦敦发行。——原注

当时的另一位重要人物，经济学家、思想家和改革家杜尔哥[1]也持同样的观点。他的建议如果被采纳，可能会为我们带来一场不流血的革命。1778年3月22日，杜尔哥在写给英国朋友普莱斯[2]（Price）博士的那封著名的信中表明，他和所有法国人一样，狂热地支持美国，但并不反对英国。他对即将到来的战争表示遗憾，"因为此次战争本是可以避免的，如果英国及时承认其征服美国的荒唐计划是愚蠢的……没有一个国家有权控制另一个国家。奇怪的是，这还不是一个普遍的真理。对另一个国家的控制只能建立在武力的基础之上，而武力也是抢劫和暴政的基础。对一个民族实行暴政是所有暴政中最残忍、最不能容忍的。被压迫者几乎被掠夺殆尽却不计较，而施行暴政者不以为耻，反以为荣"。

在杜尔哥看来，美国人必须获得自由，这不仅是为了美国人自己，也是为了全人类。一项极为重要的试验即将开始，而且应该会成功。他补充道，这是他慷慨又宝贵的预言："人们都希望过上力所能及的美好生活。美国人民承载着人类的希望。美国须以自己为榜样向世界表明，人类可以是自由而平和的，并且可以摆脱君主和骗子们以公共利益的名义试图强加在他们身上的枷锁。美国必须是政治自由、宗教自由、工业自由、商业

---

① 即安·罗伯特·雅克·杜尔哥（Anne Robert Jacques Turgot，1727—1781）。——译者注
② 即理查德·普莱斯（Richard Price，1723—1791）。——译者注

自由的典范。它将为所有国家的受压迫者提供庇护所，为世界带来慰藉。这样的庇护和慰藉将迫使政府睁开眼睛，力求公正。人们就能容易地摆脱坏政府的影响。世界上的其他国家将逐渐认识到，政客们滋生出的幻想是多么空洞。"对于英国的政策，杜尔哥感到遗憾，但并不憎恶；相反，尽管一些有声望的人还在说三道四，但他依然相信，虽然英国会失去北美这些殖民地，但英国的实力绝不会被削弱。"这场革命也许会被证明对英国和对美国一样有利。"[1]

不久，杜尔哥给路易十六写了一封简短的请愿书，既体现了时代特征，又体现了这位思想家的思维方式。当时，库克船长（James Cook）正在进行第三次探索之旅，这次他再也没能回来。杜尔哥说："库克船长可能正在回欧洲的途中。他的远征很引人注目，没有别的目的，只是为了人类认知的进步。因此，这次远征也配得上陛下的宽宏大量——陛下须保护这次远征不受任何国家战争的威胁。应当命令所有法国海军军官'放弃对库克船长或其航船的任何敌对行为'，允许他继续自由地航行，并在各方面善待他，就像对待中立国或友邦的军官和船一样。"[2]路易十六同意了，并通知法国巡洋舰从敌方的船中辨认出这位受敬重的人物。这本身是件小事，但彰显了过去的战争与我们现代战争的巨大差异——我们目睹了敌人对鲁汶图书馆的肆意破坏、对兰

---

[1] 摘自《圣西蒙著作集》，第9卷，巴黎，1810年，第377页。——原注
[2] 同上书，第417页。——原注

斯大教堂和阿拉斯市政厅的轰炸。

在法国，人们越来越渴望获得更多的平等，减少统治阶级的特权，希望大人物也过朴素的生活，让那些贫苦人家更容易获得知识，所有人都能够自由讨论国民的共同利益。一个重要的事实让所有人都意识到，法国民众是愈发有思想的民众。人们不应忘记，从美国革命结束到法国大革命开始，只间隔六年；而美国宪法颁布和法国宪法颁布之间只隔了四年。就在约克镇战役时，雅克·内克尔发表了他那篇著名的文章——形式上看似是讲给国王的，实际上是向民众发表的演说。[1] 这篇关于法国国情的著名文章，当时被广泛印刷传阅。该文以"陛下"起头，但结尾如此写道："我很自豪，在写这篇文章的时候，我可以依仗舆论。即使会有图谋不轨的人压制或歪曲它，那也是徒劳无功的。因为真相与正义自在人心。"

还有人表述了类似的思想。著名的吉贝尔伯爵（Count de Guibert）在出版《战术概论》（*Essay on Tactics*）之前，有很长的一段时间都沉迷在先进思想里，尤其是限制王权的思想，但受到了当局的压制。最终，他将这种思想献给了自己的祖国——"我亲爱的祖国母亲"，而不是献给王公贵族，或其他任何人。[2]

---

① 发布于1781年1月。——原注
② 在献词结尾，他说自己可能会失败，也可能只是做了一个梦，但他不应该被指责："一个梦想着祖国幸福的公民的疯狂是值得尊敬的。"——原注

美国独立战争结束六年后，1789年1月24日，路易十六下令起草著名的《陈情书》（Cahiers），他希望，在自己的王国的每一个角落，即便是籍籍无名的人，也能有途径向国王表达自己的诉求和不满。要求享有与美国人一样的自由的《陈情书》确实来自法国最偏远的地方，出自普通人之手，有时甚至是出自农民之手。他们会替自己杂乱无章的拼写和语法找借口。我们的革命志愿军，无论是农民之子还是工匠之子，他们的笔记和书信中的大量思想观点都使我们感到惊奇。因此，当富兰克林从法国写信给美国国会时，他传达给国会的这一声明并非无足轻重："国家趋于团结一致显然是有利于我们的。"某些人认为，迎合法国自身利益的呼吁是个好策略。针对此观点，他在别处公开谴责："告诉法国人，我们的成功将有利于他们的商业，并且帮助我们也符合他们的利益。这似乎等于在说，'帮助我们天经地义，我们并不会对你们心怀感激'。我们中的某些人有时会使用这种鲁莽、不恰当的语言，而这不会产生好的效果。"事实是，法国这个国家热爱荣誉，尤其是"保护被压迫者"带来的荣誉。[1]

1778年的联盟条约和商业条约[2]本身就证实了这一判断。美国迫切需要其他国家的帮助，因此法国提出的任何条件几乎都会得到满足。然而，人们看到了奇怪的景象：一方主动提供好处，另一方却拒绝了。法国当即决定不接受任何报酬，甚至连加

---

① 参见斯迈思《文集》，第8卷，第390—391页。——原注
② 这两个条约于1778年2月6日在巴黎签署。——原注

签订联盟条约。美国代表本杰明·富兰克林手里拿着一份条约，阿瑟·李双臂交叉，塞拉斯·迪恩（Si
Deane）扶着椅子，法国代表杰拉德·德·雷内瓦尔坐在椅子上，正在另一份条约上签字，其身后
着威廉·坦普尔·富兰克林（William Temple Franklin），他是本杰明·富兰克林的孙子。
绘者信息不详。

拿大也不要，就像加拿大是从英国人手里夺来似的，尽管它从一开始就受法国管辖，而且仅仅是最近才不再如此。战争不是为了报酬，而是为了自由。富兰克林写信给国会说，这个商业条约意味着，按照法国自身的意愿，世界所有其他地区可以随时加入同盟，享有与法国同样的待遇，连英国也不例外。[①]

　　这个条约如此不合常理，以至许多人都产生了怀疑。约翰·亚当斯一直心存疑虑；华盛顿自己也半信半疑，当他收到在加拿大采取行动的计划时，正如他所写的那样，他也感到疑惑：这些计划中是否"除盟友的无私热情之外再无其他"。[②]如果盟国获胜，在和平时期会发生什么？难道法国不需要以某种形式为自己谋求一些好处吗？但法国确实没有这样做；不管是和平还是战争，它的立场都是亲美且不反英。

　　关于这场反对英国人的战役，我们所知的许多法国人的记述都有一个显著特点，那就是英国人作为一个民族，在这些记述中所占的比重很小。占主导地位的是法国人对美国人的热情，而不是对敌人的仇恨。塞居尔伯爵在他的回忆录中写道："在法国，尽管人们长期服从于专制权力，但美国起义者的目的引起了

---

① 韦尔热纳伯爵曾以同样的方式给法国驻伦敦大使诺瓦耶侯爵（Marquis de Noailles）写信："我们的约定很简单。法国人对任何人都没有攻击性。我们不希望自己获得会受其他国家嫉妒的好处，也不希望美国人将来会后悔给予我们这样的好处。"多尼奥尔（Doniol）：《法国参与美国的建立》（Participation de la France à l'établissement des Etats Unis）第2卷，第822页。——原注

② 写于1778年11月11日。——原注

所有人的关注，并激发了所有人的兴趣。从各个方面来看，舆论都在敦促王室政府宣布支持共和国的自由，似乎还谴责它的迟缓和胆怯。"只字未提对敌人的任何报复。他接着说："我们没有人想到法国会发生革命，但革命正在我们的头脑中迅速地发生着。孟德斯鸠再次揭露了那些埋葬已久的、关于神圣的人民权利的契约。理智的人们都在羡慕并研究英国法律。"

新十字军士兵们以"博爱"的名义发动战争，塞居尔伯爵在总结其动机时，发现了两个事实："一个是十分认真、合理的，渴望为国王和国家服务……还有一个更独特，是对美国自由事业真正的热情。"因为风险太大，大臣们都犹豫不决，"但他们逐渐被激情冲昏了头脑"。在海上航行中，只有船长们知道要去哪里。一些军官一度认为，他们可能不得不去其他地方作战，并不去美国。罗尚博伯爵手下的一名军官，也就是前面提到的马蒂厄-杜马，在日记中透露了疑虑，他写道："最重要的是，我曾经衷心拥护美国人的独立事业。如果失去了为他们的自由而战的荣誉，我将感到非常遗憾。"[1]关于英国人，还是只字未提。和许多人一样，他所渴望的不是与英国人作对，而是为美国人而战。

也许，比所有其他事更引人注目的是：我们法国人决定参战

---

① 《马蒂厄-杜马中将回忆录》（*Souvenirs du Lieutenant Général Comte Mathieu-Dumas*）（3卷本），巴黎，1770年至1836年，第1卷，第36页。——原注

之后不久，耶鲁大学校长埃兹拉·斯泰尔斯（Ezra Stiles）在一次常规的谈话中，把我们的动机和英国作为一个大国可能面临的溃败，平实地表达给了当时法国驻美公使馆的秘书巴尔贝-马尔布瓦[①]，也就是日后签署《路易斯安那条约》（Louisiana Treaty）的代表。校长在法国公使拉吕泽纳（La Luzerne）及其秘书访问耶鲁大学时，在日记中写道："巴尔贝-马尔布瓦是个有学问的人，是梅兹市议会的议员，看着也就三十五岁。在我看来，他的英语说得还行，比公使大人好得多。他对书籍和美国历史非常好奇。除此之外，我还问了他一些问题，例如，看到英国的覆灭，欧洲强国是否会感到满足？他说：'不会。为了欧洲的利益，英国应该在权力平衡中占有一席之地。法国无意于通过征服或其他方式扩大自己的领土。'"[②]

对这位既能干又见多识广的法国外交官而言，对以上问题给出肯定答案会比给否定答案更节省力气。更何况，我们法国人参战的动机既不是让英国失去其地位，也不是让法国谋取利益，只是为了让美国独立。

[①] 即弗朗索瓦·巴尔贝-马尔布瓦（François Barbé-Marbois, 1745—1837）。——译者注

[②] 1779年9月11日《文学日记》（*Literary Diary*）（3卷本），纽约，1901年。——原注

②

意识到这次行动的重要性和难度，法国政府找了一名训练有素、果断又理智的军人，他能够和华盛顿相互理解，会按照华盛顿的命令去掌控那些热血青年，以避免冒失、鲁莽的行动。德斯坦家族已经没落了。最终人选还没有敲定。法国政府认为最佳人选就是罗尚博伯爵。事实上，这是法国政府做出的最正确的决定。

未来的法国元帅罗尚博伯爵首先必须成为神职人员，没有别的原因，只因为他不是家里的长子，他还应当在长兄去世之后接受祭司的职务。有一天，曾指导过罗尚博伯爵进行神学研究的主教克鲁索（Bishop de Crussol）对他说："你必须忘记目前为止我告诉你的一切。你已经是家里的老大了，你现在必须像在教会侍奉上帝一样，满怀热忱地侍奉自己的国家。"

罗尚博伯爵的确这么做了。十六岁时，他当上了军官，在德意志参加了人生的第一次战役，在萨克斯元帅（Marshal de Saxe）手下作战；二十二岁时，他获得上校军衔（乔治·华盛顿也在二十二岁时获得上校军衔）。他第一次负伤是在罗菲尔德（Laufeldt），伤了两处，险些丧命。他在著名的奥弗涅团（Auvergne regiment）〔俗称"无敌奥弗涅（Auvergne sans tache）"〕身先士卒，并参加了七年战争（Seven Years' War）中的主要战役，特别是在克洛斯特坎普战役（Battle of Klostercamp）中获胜。在该战役中，无敌奥弗涅团有五十八名军官和八百名士兵

 阿萨斯骑士为执行罗尚博伯爵的命令英勇牺牲。
弗朗西斯科·朱塞佩·卡萨诺瓦（Francesco Giuseppe Casanova, 1727—1803）绘。

伤亡。阿萨斯[1]骑士（Chevalier d'Assas）为执行罗尚博伯爵的命令而英勇牺牲的事迹，使此战令人难忘。罗尚博伯爵再次受了重伤，由两个士兵搀扶着，坚守阵地，直到胜利。

在同一战场的另一边，有许多人像罗尚博伯爵一样，注定要参加美国独立战争。这就像一出即将上演的戏剧的彩排。在1759年的明登战役（Battle of Minden）中，也就是拉法耶特侯爵的父亲阵亡的那场战役，罗尚博伯爵掩护军队撤退。与此同时，康沃利斯勋爵（Lord Cornwallis）[2]在英军中屡建战功。乔治·杰曼勋爵（Lord George Germain），即后来约克镇时期的殖民大臣也参战了，但不如康沃利斯勋爵那么出色。在同一场战争中，后来出任纽约驻军总指挥的克林顿爵士[3]，在约翰内斯堡受了伤。而在法军中，有很多这样的军官，他们以从提康德罗加（Ticonderoga）归来的布干维尔为荣。沙特吕侯爵当时还没当过水手，已经是上校了，不再担任大使馆秘书，尚未当上学术院院士。我的前辈拉吕泽纳，当时是骑兵军官，还没当外交官，他将成为第二位被派往美国的公使，并在美国名垂青史。

罗尚博伯爵还很年轻时，就步入了婚姻的殿堂。这在18世纪很常见，每个世纪都有这样的婚姻。当时的回忆录和书信对

① 即尼古拉-路易·阿萨斯（Nicolas-Louis d'Assas，1733—1760）。——译者注
② 即查尔斯·康沃利斯（Charles Cornwallis，1738—1805）。——译者注
③ 即亨利·克林顿（Henry Clinton，1730—1795）。——译者注

此都未提及，因为这桩婚姻本来就是幸福的。比起洛赞公爵讲述的那些风流韵事，思想正派、心地善良的人更能从罗尚博伯爵晚年写的那些简洁的诗中找到乐趣。他写道："我的幸运之星给我带来了梦寐以求的妻子。她是我终生幸福的源泉，我渴望以最温存的方式带给她幸福。近六十年来，这种态度从未有过片刻的变化。"这桩婚姻的结晶——罗尚博子爵（Viscount Rochambeau），从青年时代起就是父亲的战友，他十四岁时当了军官，一直陪伴父亲到了美国。他为国倾其一生，在莱比锡（Leipzig）的"民族会战（Battle of Nations）"中阵亡时，已经是将军了。

罗尚博伯爵在凡尔赛宫接到将要执行的任务时，还不能让部队知道此次任务的确切性质。部队已经在布雷斯特（Brest）集结了。罗尚博伯爵将自己的炎性风湿病抛在脑后，开始筹备工作，收集信息。他与了解美国的人交谈，并在绿皮笔记簿上迅速记录对话内容。这个绿皮本在战争中不离其左右，重要资料就这样得以保全。作为提醒，他还给自己列出了一系列有用的备忘建议，比如："随身带一些燧石，多带些面粉和饼干……用砖块作为船上的压舱物，必要时可以用来搭炉灶；把自己想要的东西尽可能都带来，不用向已经捉襟见肘的美国人求助……带一份拉法耶特侯爵先生从费城带来的地图册……带一台和德斯坦先生的那台一样的便携式印刷机，以便发布公告……攻城炮是必不可少的。"其中一些内容意义重大，在整个战役过程中都举足轻重，比如"没有制海权，就什么都没有"。

他建议那些被委托负责装船的人，避免把所有同类物品都装在同一艘船上，"万一某艘船发生事故，相关的供应也不会全部损失"。

至于他本人和下属的工资，他写信给大臣，请求由他自行安排："我和我的下属都不希望有任何奢侈浪费。我们希望能够自费参加这场战争。"但政府不希望他受到资金短缺的困扰，于是每月给他一万两千法郎的可观款项，他手下的将军们则是每月四千法郎。

罗尚博伯爵在布雷斯特休养，他发现航船并没有自己预期的那么多，只有第一师能在海军上将泰尔奈（Admiral Chevalier de Ternay）的率领下登船。这对罗尚博伯爵而言，是个沉重的打击。他规定，务必要谨慎挑选最强壮的人登船；为了节省空间，所有马匹都不能登船。他本人以身作则。他在给战争大臣蒙巴雷亲王的信中说："我不得不与两匹永远不可取代的战马分开。尽管我万分不舍，但我不想因它们占用了二十个人的空间而自责，而且这些人本来就是可以取代两匹马的位置上船的。"军官、士兵、弹药、大炮、部队的备用衣服，甚至印刷机，最后都上了船。人和物资都紧密地挤在一起，但一路颠簸之后也都各归其位。"一切都会顺利的，"罗尚博伯爵在给大臣的信中说，"遵照长途航行规定，每名士兵配额两吨，部队不会过于拥挤。"

所有人就位，共计五千，航船可负载的人数已到极限，但每天依然有一些年轻人满怀憧憬抵达布雷斯特，希望加入远征，而最后不得不被劝返，其中不乏出身法国名门的好儿郎。当一艘快艇把政府的最后指示带给罗尚博伯爵时，舰队已经行至公海了。快艇上的贝尔捷两兄弟，恳求允准他们做志愿者。罗尚博伯爵在给大臣的信中写道："他们昨天与我们会合，并把您的信交给了我们……他们穿着亚麻背心和马裤，渴求被允许成为普通的水手。"然而，船上真的是挤不下他们二人了。"那两个可怜的年轻人很有趣，又很绝望。"他们不得不被劝返，但后来还是设法参了军。亚历山大·贝尔捷（Alexander Berthier）从约克镇战役开始上战场，战争结束时已经是法国元帅、瓦格拉姆兼纳沙泰尔亲王（Prince of Wagram and Neufchâtel）了。

要想赶在英国人做好准备之前动身，就必须加快进程，但困难重重。暴风雨、逆风和其他灾难让人不胜其烦。"诺瓦耶伯爵夫人"号和"征服者"号发生了碰撞，必须修复。罗尚博伯爵在给蒙巴雷的信中，带着他一贯的愉快心情写道："幸运的是，朴次茅斯也下雨了。"最终，1780年5月2日，由七艘战船和两艘护卫舰组成的舰队带着三十六艘运输船起锚出航。"我们和托马斯·格雷夫斯（Thomas Graves）同时出发，"罗尚博伯爵接着写道，"因为他要离开朴次茅斯的话，也必须借这股风。"在这个庄严的时刻，罗尚博伯爵还有些激动地补充说："谨以此次远征向我亲爱的老友致敬，并向他的爱国热忱致敬。"

两三个月的海上长途航行，可能会风平浪静，可能会有疾风暴雨，可能会遭遇不幸，可能会有士兵得坏血病。罗尚博伯爵和海军上将泰尔奈一起坐镇的巨大的"勃艮第公爵"号上搭载了八十门大炮。罗尚博伯爵不时地在一篇像日记一样长的报告里加上几段让大臣安心的话："两个星期以来，船上一切正常。少数几人因不适应海上生活而生病。其中，拉瓦尔侯爵（Marquis de Laval）和我的儿子较为严重，其他人都还好。"而后，他向部队下达了命令。

小艇上的生活更加艰难。在许多陆军军官的日记中，特别是在前面提到的年轻上尉，后来成为罗尚博伯爵助手的克洛森男爵路易的日记中，我们看到了许多不愉快的描述。

他承认，自己本不会过度多愁善感，可一想到也许要离开很长一段时间，就多少有些难过，尤其是想到"迷人的未婚妻，聪慧又优雅……"，"然而，军人的身份容不下太多的儿女情长，我现在已经完全适应了"。他被分配到排水量达三百吨的"诺瓦耶伯爵夫人"号上（一同出航的"松鼠"号的排水量只有一百八十吨）。每个军官都有五十法郎的额外采购费，他们开始觉得钱不多，但买了东西后才发现这笔钱太多了，因为要把买来的东西装到船上实在太难了。最后，"费了好大周折，说了很多好话，我们才把自己和财物塞进了那些破鞋一样的军舰里"[1]。克洛森男爵路易给自己备下了"大量的糖、柠檬和糖浆"。

"船上有四十五名船员。布列塔尼人（Bretons）和普罗旺

---

[1] "木鞋"是一艘船的绰号，船主是个吝啬鬼。——原注

斯人（Provençals）各近一半，都说着自己的方言。如果不太习惯军官下达命令时的口音，很容易产生误会。结果，'诺瓦耶伯爵夫人'号就撞上了'征服者'号。太惨了——他们会不会被留下，错过这次远征呢？庆幸的是，只有船头斜桅杆、斜桅帆受损及迷人的伯爵夫人塑像被撞得粉碎。修理工作全速推进。德蓬先生（Mr. de Deux-Ponts）允诺，如果第二天中午能把船修好，工人们就可以得到十五个路易[①]。还有一件让人安心的事，克萨比奥先生（Mr. de Kersabiec）是一位很有经验的海军军官，他被安排来监管工人。他始终和工人们一起奋战，并且会通过额外的物质奖励来激发他们的干劲。因为我在圣波勒-德莱昂（Saint-Pol-de-Léon）度过了一冬，和克萨比奥先生一家都很熟。这件值得纪念的事至今仍使我感到愉快。第二天，一切都恢复正常了。十一点之后，和蔼可亲的'诺瓦耶伯爵夫人'号又被带到了港口链以外。雕像的头还没弄好——无所谓了，反正伯爵夫人都不大有头脑。这艘船上的人又可以和舰队一起出发了。高高的防御工事俯瞰着港口，沿海的村庄、扬起的风帆、晴朗的天空，所有这一切，构成了我们出发时最美丽的画面……这么多军舰同时启航，太壮观了。"

　　每天都生活在船上，刚开始很难习惯。船上太挤了，人声嘈杂，连喘气的地方都没有。船散发出各种气味：船上的人，再

---

① 路易为当时法国的货币单位。——译者注

加上几条狗，空气被弄得很污浊。不过，慢慢习惯就好了。克洛森男爵路易很幸运，他不晕船，并在自己的角落里安顿下来。自始至终，他都乐于观察周围的生活。他学会了如何进行航海观察，还在日记中描述同伴们，尤其是船长——一个典型的老水手，对赞歌和咒骂的效力有着同样的信心。甲板上每天有两次祈祷，但这并不能制止大多船员的不敬行为。船长经常一边吟诵祈祷，一边用最不堪入耳的话恣意骂着水手：

> 我相信，
>
> 圣母玛利亚，在你的帮助下，
>
> 在我生命最后一刻
>
> 来吧，引导我的命运；
>
> 让我死，
>
> 最神圣的死亡。

单调的航程里也会有各种各样的小插曲。1780年6月18日，"赛文兰特"号截获了一艘英国海盗船，这让人兴奋。但船员们从海盗那里得知了查尔斯顿（Charleston）陷落和林肯[①]投降的事，这值得深思。他们在航程中沉迷于钓鱼，这件小事就体现了过去航海和现在航海的区别。在"诺瓦耶伯爵夫人"号上，他

———————————

① 即本杰明·林肯（Benjamin Lincoln, 1733—1810）。——译者注

们抓到了一些飞鱼，用新鲜的黄油一煎，吃起来很香很嫩，就像白杨鱼一样。

法军在途中遭遇了六艘英军战舰，双方对射了几枪。法军人数占优势，因此众人都力主一战。但海军上将泰尔奈很聪明，他力排众议，拒绝恋战，继续航行。克洛森男爵路易说："海军上将泰尔奈深知我们这次远征意义重大，所以把舰队看得很重。他接到的明确命令是我军必须尽快到达目的地。他告诉我，他之所以不顾年轻海军军官们的恳求，是因为他们尽管叽叽喳喳，但和大多数陆军军官一样，对海军事务一无所知。"

这件事证明海军上将泰尔奈是完全正确的。法军舰队如果再慢二十四个小时的话，就会遭遇托马斯·格雷夫斯的舰队。此人要执行的任务就是拦截泰尔奈及其缓慢且笨重的船队。对泰尔奈来说，哪怕是最短暂的耽搁都可能是致命的。到了纽约，在那里与马里奥特·阿巴斯诺特（Marriot Arbuthnot）会合后，就可以高枕无忧了，就像法军的船泊在纽波特（Newport）一样安全。

特别是接近海岸时，法军舰队陷入了迷雾之中。克洛森男爵路易用寥寥数语写道："在海上，没有什么比起雾更令人沮丧和危险的了。如此庞大的舰队难免会磕磕碰碰。为了避免碰撞，每艘船都想多占点地方。因此，有的船可能会离中心非常远。为了避免这些麻烦，我们航队的常规做法是每一刻钟敲一次鼓，或者点一堆火；兵舰鸣枪或发射火箭弹。大雾期间，航速限定为三节（一节等于每小时1.852千米），以便每艘船都尽可能地与相邻的船保持同步。"可是，防不胜防，"法兰西岛"号还是走失了。船员们感到非常不安。在剩下的航程中，"法兰西岛"号再也没有出现，但后来又在波士顿出现了，它安然无恙。

罗尚博伯爵此时已经把法国政府的意图告诉了所有相关的人，他发布了明确而坚决的登陆命令。命令是他在"勃艮第公爵"号上起草的，并抄送给其他几艘船上的首长。

"陛下派往美国的军队是援助美国盟友的军队，受华盛顿将军的调遣。他将被授予法国元帅的头衔，与国会议长的权力相当。"这样就避免了任何可能产生的麻烦——法军中没有人有这么高的军衔。"在军衔和服役年限相同的情况下，法国军官听从美国军官指挥……国王的军队将指挥权交给盟友；法军将在帽徽上加上黑色，因为黑色代表美国。"在纽约的弗朗西斯酒馆[①]里还能见到这种别着黑白帽徽的帽子。罗尚博伯爵继续写道："陛下的目的，是为了使两国将士之间完美地实现和谐一致，军纪严明……连一根木头、一捆稻草、一点蔬菜都不许拿，除非和和气气地付款之后……任何目无军纪、以下犯上、恶意野蛮的行径、醉酒现象，都将根据军法条例严惩不贷。即使是不讲卫生或开小差等轻微过失，也会受到惩罚。为了加大对犯错的法军将士的惩罚力度，在其拘留期间不发军饷。"

除了舰队，这支法军已经由华盛顿将军来调遣。而海军上

---

① 得名于它的主人，来自法属西印度群岛的塞缪尔·弗朗西斯，绰号"黑山姆"。——原注

将泰尔奈收到的命令也明确指出：泰尔奈虽然是舰队唯一的指挥官，但应该"提供一切有助于美国行动的协助"。在任何需要帮助的情况下，"华盛顿将军都可以调遣法国舰船"。这一切都是在表达善意，双方都希望尽量少给彼此添麻烦，尽可能多提供有用的帮助。

3

1780年7月11日，船队在海上航行了七十天之后到达了纽波特。这比哥伦布第一次航行的时间要长，但这也正常。随军神父罗宾在经过八十五天的航程后才到达纽波特，尽管如此，他还是对那些"可供人类驾驭海浪的巨大机器"充满了钦佩之情①——在我们现代人看来，这不过是不足为奇的庞然大物。克洛森男爵路易写道："一想到要再次踏上陆地，将士们就欢呼不断。他们一直吃咸肉和干菜，几乎没有水喝。因为'诺瓦耶伯爵夫人'号上的淡水已经变质了，所以他们时不时得喝点葡萄酒，'但那很上头，可遭了大罪了'。再加上坏血病蔓延，有六七百名士兵和一千多名水手感染，有些已经死了。"

　　法军将士现在面临着未知的问题。什么是未知的呢？罗尚

---

① 1781年他再次航行到北美，1782年在费城加入罗尚博伯爵的军队作战。——原注

博伯爵只带了第一师，而英国人在纽约附近部署了强大的海军和陆军，他们会不会立刻遭到英国人的袭击呢？美国人自己持什么态度呢？在法国，人人都支持美国人，但很少有人真正了解美国人。拉法耶特侯爵了解美国人，但他年轻气盛。那里的居民们、他们的领袖华盛顿、他们的军队与期待的相符吗？舰队到港的时候，纽波特发射了"十三发礼炮"，照亮了舰队的舷窗，但这可能只是在走走过场。在礼炮声中，时任耶鲁大学校长的埃兹拉·斯泰尔斯留下的一段记录，值得玩味："在纽波特，铃声一直响到午夜后。1780年7月12日晚，纽波特港亮起来了。辉格党人（Whigs）在窗户上点了十三盏灯；托利党人（Tories）则点了四盏或六盏；贵格会教徒们（Quakers）没点灯，因为他们不愿意让自己的灯在人类面前照耀，结果他们的窗户被打破了。"①

此外，这个"巨型棋盘"上的博弈难度很大，涉及诸多区域，涵盖南北，包括波士顿、纽约、查尔斯顿和切萨皮克（Chesapeake）——甚至包括西印度群岛。岛上的变化可能对大陆上采取的行动意义重大，但由于消息闭塞，一切都只能靠不断猜测和想象。更糟糕的是，直到那时，充满敌意的英国书籍和漫画，还有一些考虑欠周的法国漫画和书籍刻画出的法国人的名声在美国已经根深蒂固。对此，我们法国人很有自知之明，让我们的军队在西印度群岛的法国殖民地过冬这个方案的可行性值得商

---

① 《文学日记》，纽约，1901年，第2卷，第454页。——原注

権。我们的大臣杰拉德是这样认为的："美国人还不大习惯和法国人相处，是由于他们对法国人没什么好感。"[①]马蒂厄-杜马在他的回忆录中写道："过去，英国人对法国人性格的固有偏见的影响如此之大，以至在革命开始时，美国人中那些思想最激进、最渴望自由的人都有拒绝与法国结盟的想法。"随军神父罗宾说："难以想象，这是战前美国人对法国人的看法。他们认为法国人是在专制统治下呻吟，是迷信和偏见的牺牲品，并对自己的宗教近乎盲目地崇拜，[②]是一种轻浮、脆弱、畸形的产物，他们只顾烫头、忙于涂脂抹粉，没有信仰、没有道德。"成千上万个这样的"怪物"让人怎么受得了呢？

　　罗尚博伯爵一如既往地头脑清醒，在各方面都未雨绸缪。首先，鉴于英国人随时都会发动进攻，他及时加强了阵地的防御能力。马蒂厄-杜马写道："他已经亲自挑选了需要重点防守的关键地点，在海峡沿岸设置重炮队和迫击炮队，并配备了炉火来加热炮弹。"克洛森男爵路易说："那帮英国人对我们非常

---

① 写给罗尚博伯爵的信是在1780年，但没有具体日期。参见《罗尚博文集》。——原注

② 1778年7月29日，塞拉斯·迪恩在回法国前写信给耶鲁大学校长埃兹拉·斯泰尔斯，建议他设立一个法语席位："所有法院都会使用这种语言，并且这种语言变得越来越普及。人们做生意使用这种语言，文人使用这种语言，欧洲所有主要城市和城镇都在使用这种语言。"埃兹拉·斯泰尔斯咨询了几个朋友。大多数人反对或怀疑，"还有人因教皇制度而强烈反对这一建议"。1778年8月24日《文学日记》，纽约，1901年，第2卷。——原注

'体贴'。在刚开始的六天里，我们虽过得不怎么安逸，但幸运的是，除了极度焦虑之外，并没有什么更糟糕的事情发生。"过了第二周，罗尚博伯爵写信回国说，如果克林顿爵士现在就率军赶来的话，法军可以给他迎头痛击。不久之后，敌方作战计划有变，罗尚博伯爵深感遗憾。后来，因为热切期盼的第二师迟迟不来，他给战争大臣写信说："简而言之，我和克林顿爵士都很能沉得住气，现在的问题就是看谁先动手了。如果从欧洲赶来的英国援军比法军第二师捷足先登的话，我们就失去了先机。他们肯定会在纽波特和我们开战，但我认为我们去纽约先发制人才是上策。"

关于法国人的名声，罗尚博伯爵和军官们的想法是完全一致的：如果在整场战役中都保持军纪严明，情况肯定就会有所改观。指挥官对此都很上心，效果也非常明显。登陆一个月后，罗尚博伯爵在给战争大臣蒙巴雷亲王的信中说："我在此向您汇报军纪，没有一名士兵曾离开过营地，连一棵卷心菜都没丢过，也没有人埋怨过现状。"[1] 几天前，他给美国国会议长写过这样一封信："我希望议长阁下悉知我军的军纪情况，没有人有抱怨，没有人错过点名。我们是您的同胞，我们将同你们一样严守军纪，将与你们并肩作战。咱们就像一个整体，来自同一个国家。"[2] 在回忆录里，他提到原来由法国统治的那些"野蛮人"曾来访过，而他们对我们法国人始终保持友好。他补充说

---

[1] 写于1780年8月8日，参见《罗尚博文集》。——原注
[2] 写于1780年8月3日，参见《罗尚博文集》。——原注

道："枪支、军队和军事演习并不使他们感到惊讶。但当看到士兵帐篷外果实累累的苹果树时，他们被震撼到了。"他总结说："这一结果，不仅是由于军官们的热情，更重要的是由于士兵们的优秀品格。这样的军队会无往不利。"

对我们有利的另一点是美国人可以近距离接触到大量的法国人了。关于法国人的刻板印象和真实的法国人之间的差别太明显，这很容易引起关注。1780年8月6日，"慈善家之父"威廉·钱宁（William Channing）在一封信中向埃兹拉·斯泰尔斯透露了他的惊喜："法国人都还不错，而且挺有军人的模样。无论是军官还是士兵，都不是娘娘腔。看来我们以前是偏听偏信了。他们和其他国家训练出的士兵一样身材高大、充满活力。"[1]关于法国人脆弱、畸形的论调就这么不攻自破了。

由于西印度群岛上的大多数法军军官都是罗尚博伯爵曾经的战友和密友，所以伯爵一到北美大陆，他们之间就开始了书信往来。这些往来的书信大都没有发表过，它们生动地描绘了当时法国人在西印度群岛上的生活。他们经常是与世隔绝的，在法国、在美国、在海上发生了什么，他们都无从知道，有时甚至连邻近岛屿上的境况都不清楚，也不知道罗德尼[2]的踪迹——至于他可能去哪个地方掀起风暴，而自己又该在哪里驻防，全都靠猜

[1] 《文学日记》，第2卷，第458页。——原注
[2] 即乔治·布里奇斯·罗德尼（George Brydges Rodney, 1719—1792）。——译者注

测。士兵中有些还发着烧，而船也被飓风驱散，但他们凭着信念和乐观的心态在这场艰难的"捉迷藏游戏"中坚持下来了。[①]他们写的信一式两份，或一式三份。偶然经过的船有时会带来法国宫廷的消息。拖了一年后，他们才得知1780年10月寄出的信，直到1781年6月才被罗尚博伯爵收到。

将会在硫磺石山（Brimstone Hill）战场上为自己争光的布耶侯爵，因在路易十六逃往瓦雷纳的过程中所发挥的作用而出名。他文笔亲切，赞美了陪同自己到马提尼克岛（Martinique）的勇敢的妻子。圣西蒙侯爵[②]从圣多明各（Santo Domingo）写信来说他多么想在罗尚博伯爵的指挥下在美国战斗："我将很乐意放弃我在这里享有的最高指挥权，并接受您的指令。"在这封未发表的信中，他说起了走访古巴时的趣闻："古巴这块殖民地

---

① 罗德尼"两个月前离开了这里，我们无法猜测他去了哪里……也许你比我更清楚他现在可能在哪里……""我们刚才遭遇了一场可怕的龙卷风，所有迎风的岛屿都能感觉到。龙卷风造成了残酷的破坏。昨天到达马提尼克岛圣皮埃尔锚地的五十二艘帆船已经出海了，到现在已经失踪两个星期了。只有五艘回到了这里，其他的可能到了圣多明各，或者已经沉没了。一艘拥有四十四门炮的英国船'恩底弥翁'号和两艘护卫舰及同国籍的'月桂'号和'安德洛墨达'号都在我们的海岸沉没了。我们救了一些水手。"1780年10月27日，布耶侯爵在法兰西堡（Fort de France）写给罗尚博伯爵的信。参见《罗尚博文集》。——原注

② 有三个圣西蒙参加了美国独立战争，他们都是那位写了回忆录的著名公爵的亲戚：克劳德·阿内侯爵（Marquis Claude Anne，1740—1819）；克劳德男爵（Baron Claude，1806年退役）；克劳德·亨利伯爵（Count Claude Henri，1760—1825），他当时是一名非常年轻的军官，后来成为圣西蒙派的创始人，也是奥古斯特·孔德（Auguste Comte）的第一位哲学导师。——原注

上的居民都有土地，它比其他的殖民地看起来都更气派。哈瓦那（Havana）看起来更像是一个欧洲城市，而不是一个殖民地城市。这里人口众多，并且看起来十分丰饶。如果西班牙愿意扩大或促进与古巴的贸易，这个岛很快就会变得非常繁荣。但禁酒令和相应的惩罚是如此严厉，以致束缚了各地的产业。"

这封信的附言最能说明军官们对罗尚博伯爵的普遍看法。圣西蒙写道："蒙布伦（Montbrun）长期发烧，请求我转达他对您的敬意，并说他给您写了两封信，而杳无音讯使他非常痛苦。您的友情和记挂对他来说是最好的退热良药，您以前在无敌奥弗涅团的所有下属都怀有同样的想法，对您有同样的依恋。在这方面我对您敬佩不已。"[①]

作为一名士兵，罗尚博伯爵尽忠职守；作为一位将领，他沉着冷静、充满力量，在困境中的幽默感为他赢得了许多人的忠诚。然而，他在军情吃紧时的唐突、独断、严苛掩盖了他内心真正的温暖，使他树敌众多，但朋友总归是多过敌人。到达美国后不久，他写信给与自己儿子年龄相仿的拉法耶特侯爵联络感情，谈到了自己的军事生涯："我很幸运，到现在还能得到法军将士们的信任……原因在于，在我指挥的惨烈战斗中牺牲的大约有一万五千人，军衔有高有低，他们当中没有一个人是因为我沽名钓誉而牺牲的。在这一点上，我可以问心无愧。"塞居尔伯爵

---

① 此信写于1781年1月7日，参见《罗尚博文集》。——原注

在回忆录中写道："罗尚博伯爵的出生似乎就是为了跟华盛顿惺惺相惜，并为'共和'服务。他与秩序、法律和自由为友，教导我们必须尊重盟友的权利、财产和习俗。他不颐指气使，而是以身作则。"

4

罗尚博伯爵认为，没有第二师就什么都没有。他在离开法国前写的最后一封信中曾敦促政府，第二师一定要在他自己启航后两周内出发。他曾写信给蒙巴雷："现在出发，舰队有两艘护卫舰就够了。等一个月后，英国人准备好了，就是有三十艘护卫舰也不够用。"在登上"勃艮第公爵"号时，罗尚博伯爵说道："看在上帝的分上，第二师快点来吧……我们要动身了。"但几个星期过去了，几个月过去了，还是没有第二师的消息。华盛顿昂扬的爱国精神、拉法耶特侯爵的血气方刚，都迫使罗尚博伯爵不惜一切代价攻占纽约。当时这里是敌人的大本营和主要权力中心。罗尚博伯爵回答说："我坚信，华盛顿将军不想让这里成为第二个萨凡纳。"更让他感到焦虑的是，随着新兵的到来和退伍军人的离去及短期招募士兵，"华盛顿本来要统帅一万五千名士兵，现在只有五千"。

罗尚博伯爵的儿子时任波旁奈团（regiment of Bourbonnais）

上校。罗尚博伯爵决定派他于1780年10月回法国谏言。由于有可能被俘虏，也有可能不得已要把信函扔下船去，好在罗尚博子爵年轻记性好，已经将信函的内容烂熟于心。舰队中最好的水手被挑选出来乘坐"亚马孙"号护卫舰送他。由于海上戒备森严，舰长等了八天之后，暴风雨终于来了，此时敌人的警戒肯定也松了一些。他们半夜动身，但还是被发现了。敌人穷追不舍，但为时已晚。"亚马孙"号的桅杆折断了，船员们修好了桅杆，最后众人安全抵达布雷斯特。拉佩鲁斯此次表现神勇，声名大振，后来在瓦尼科罗（Vanikoro）英勇献身。

美国的独立大业可谓是流年不利。突然有消息传来，在陆上、海上都战功赫赫，最值得信赖的将军本尼迪克特·阿诺德（Benedict Arnold）竟然叛变了；第二天，盖茨[①]在卡姆登（Camden）溃败，卡尔布（Kalb）战死。1780年12月，海军上将泰尔奈去世。到了1781年1月，最糟糕的是宾夕法尼亚战线的士兵们发生骚乱。他们没有军饷，又吃不饱，并且超期服役太久。克洛森男爵路易在日记中写道："他们也是走投无路了，在欧洲，他们不必捱那么久。"

事实上，毫无疑问，这些士兵所过的生活与当时各国普遍使用的征兵海报所描述的并不完全一致。费城保存着这样一张海报：漂亮的版画上，几个英俊的士兵，衣着光鲜，正在进行简单

---

① 即霍雷肖·盖茨（Horatio Gates，1727—1806）。——译者注

本尼迪克特·阿诺德承诺将西点要塞献给英国人，从而犯下了叛国罪。19 世纪版画，绘者信息不详。

 卡尔布在卡姆登战役中阵亡。
阿隆佐·查佩尔（Alonzo Chappel，1828—1887）绘。

的军事训练。上面写着"向本地区所有英勇无畏、体格健壮、心地善良的年轻人致敬。他们愿意和华盛顿将军一道，为捍卫美国的自由和独立而战斗"，"待遇相当优厚，一次性赏金十二美元；每年发军服，体面光鲜；每日给养充足；每年还可领到六十美元的真金白银"。最后还不忘再忽悠一把："这些抓住机会的勇敢者将获益良多，他们以令人敬仰的军人的身份度过几年愉快的时光，走南闯北，饱览大陆美景。在这之后，如果选择复原还乡，那也是荷包满满、荣誉加身。上帝保佑美国！"

危机重重，但没有持续太久。敌人用足额的军饷诱惑我方士兵叛变，被宾夕法尼亚战线的将士们愤怒地拒绝了。他们回答道："我们是忠诚的军人，同胞会还我们公道，我们不当叛徒。"1787年，克林顿爵士在一份法国出版的记录的页边空白处，草草写下了一些文字来记录自己的观察。他记录的内容迄今尚未出版。[1]这些观察到的内容是用法语，或类似于法语的语言呈现的。一位英国将军所写的与此正相反："说得好，可惜这不是真的。"我们也无从考证，但有一件事是可以肯定的，那就是，不管士兵们是否说过那些话，但他们肯定是那么做的。在华盛顿的影响之下，军队的秩序很快就恢复了，但警钟也敲响

---

① 索勒斯（Soulès）：《英国人在美国的烦恼史》（*Histoire des Troubles de l'Amérique Anglaise*），克林顿爵士注释版，保存在国会图书馆，第360页。——原注

了。根据华盛顿交给劳伦斯上校①的指示，他现在派劳伦斯上校前往凡尔赛执行类似于早先罗尚博子爵执行过的任务。最近发生的事件所引起的情绪在这些指示中也有所体现："美国军队的耐心几乎消耗殆尽了……绝大多数民众仍然坚定地支持独立事业。但如果法国盟友不立即支援更多的资金、更多的人手和更多的舰船，这一事业可能会分崩离析。"②

在北方，美军和法军的存在迫使克林顿爵士和他强大的纽约驻军按兵不动。南部的局势却变得越来越糟糕——康沃利斯勋爵统帅的部队优势明显；罗顿勋爵（Lord Rawdon）控制了查尔斯顿；可恶的本尼迪克特·阿诺德仍在蹂躏弗吉尼亚。

格林③、拉法耶特侯爵、摩根④率领美军全力抵抗，但几乎没什么胜算。他们曾率军于1781年1月17日摧毁了部分由塔尔顿⑤领导的部署于考彭斯（Cowpens）的骑兵部队。年轻的拉法耶特侯爵当时才二十四岁，没人指导、没人帮忙，带着几个手下与敌人周旋。他知道，即使是一个小差错，也能送了自己的命。但他的勇气、智慧和坚韧赢得了老兵们的钦佩。康沃利斯勋爵发现拉法耶特侯爵又在"捣乱"，就非常恼火。不久后，他给克林顿爵士写信说："我如果能有机会在不耽误工夫的情况下收拾

---

① 即约翰·劳伦斯（John Laurens，1754—1782）。——译者注
② 该指示发布于1781年1月15日。——原注
③ 即纳瑟内尔·格林（Nathanael Greene，1742—1786）。——译者注
④ 即丹尼尔·摩根（Daniel Morgan，1735—1802）。——译者注
⑤ 即伯纳斯特·塔尔顿（Banastre Tarleton，1754—1833）。——译者注

他一顿，我一定会试试的。"不过，拉法耶特侯爵就是不让敌人安生。

　　为了阻止本尼迪克特·阿诺德的推进，法军趁着纽波特的海上通道还未被英国舰队封锁，派出了两支远征队。其中一次是在1781年2月，由蒂利（Tilly）率领的船队沿着伊丽莎白河向上游追击，一直追至水浅到无法航行的地方，才不得已停下来返航。他们只缴获了"罗慕路斯"号，该船载有四十四门炮；还缴获了一些较小的船，截获了一批运给本尼迪克特·阿诺德的补给，俘虏敌军五百五十人。另一次，也就是1781年3月的行动更为重要，它是由德图什骑士（Chevalier Destouches）指挥的。船上有罗尚博伯爵的一部分军队，旨在抓住机会登陆。尽管采取了一切预防措施，德图什骑士的意图还是被发现了。于是，英国舰队与我方交战了。这场战斗有七十二名法军士兵阵亡、一百一十二人受伤。这场仗打得可圈可点，而胜负只在一线之间。因为敌人的火力更猛，而法军几艘船由于船底没有镀铜，行驶速度很慢。不过，优秀的指挥弥补了这些缺陷。美国国会对这次行动表示嘉许，但整体战局依然没有好转。克洛森男爵路易在日记中写道："现在，我们不得不听任本尼迪克特·阿诺德为所欲为。由于他的入侵，弗吉尼亚州现在是满目疮痍。而拉法耶特侯爵还没成气候，只能保持防守之势。"

5

然而，该来的总有一天会来。为了防患于未然，罗尚博伯爵让部队忙活起来，致力于操练、演习、模拟战斗、构筑防御工事。至于军官们，因为大陆上基本没有敌人，罗尚博伯爵就鼓励他们去旅行，与那些并肩作战的"美国兄弟"打成一片。因此，在波士顿、奥尔巴尼（Albany）、西点（West Point）、费城，都能看到法军军官。正是在这个时期，沙特吕侯爵和他的一些同伴走遍了这个国家，为著名的《北美游记》收集了资料。其中第一版，形式非常简略，扉页上写着"来自皇家海军"，总共只印了二十三份，是用舰队自带的印刷机印完的。出发时，罗尚博伯爵一再提醒自己不要忘记带上印刷机。由此看来，在舰队的"皇家帝国"号上，印刷机和纸张显然都不太够用。

克洛森男爵路易被任命为罗尚博伯爵的助手，成了其"家庭"中的一员，这让他喜出望外。新工作让他有了一些闲暇时光，再加上有条不紊的思维能力，他开始研究美国十三个州和美国国会的宪法。当时有好几部宪法，"时间已经证明，这些宪法的组织形式很好地适应了国民的特点，从各个方面都体现了对人民幸福的尊重"。此后，他开始研究罗德岛上的物产，认为它"也许是世界上最美的岛屿之一"。

由于逗留时间延长，军官们开始结交朋友、学习英语，融入美国社会。一开始会十分困难：法国人和美国人都不懂彼此的语言。因此，人们只好勇敢地借助于拉丁语，因为拉丁语在当时比在今天更为普及。"你觉得我怎么样，我亲爱的德鲁恩，你怎么不说话？"1780年9月9日，一封写给纽波特内科医生德鲁恩的长信，字里行间充满深情，署名为"西利，波旁奈团的军官"。不过，法国海军中尉西利宣布，他打算在冬季学习英语，并写道："我会努力学习英语。"他后来的信实际上是用英语写的，不过使用的是初学者的英语。[1]

在使用拉丁语方面，法军总指挥罗尚博伯爵树立了榜样。在晚宴上，耶鲁大学校长埃兹拉·斯泰尔斯可以用拉丁语和罗尚博伯爵交谈，还能回忆起他在学习当神父时学到的东西。他在日记中写道："1780年10月5日，我被引荐给法国盟军总指挥罗尚博伯爵……""1780年10月7日，我在罗尚博将军家吃了一顿丰盛的晚餐。一起赴宴的大概有三十个人。我和将军用拉丁语交谈。他的拉丁语还可以。"

法军军官们会说些英语了，他们就壮着胆子去喝茶赴宴。克洛森男爵路易好奇地记录着他所看到的一切："每次人们见面时互相打招呼，互相伸出手并握手，这是英国时尚，是一种良好的行为方式。和一群人会面时，你就可以这样走来走去和大家握手。但必须记住，地位较高的人先伸手。"

---

[1]　德鲁恩医生的后人在弗朗西斯酒馆博物馆展出的样本。——原注

喝茶也会喝到很撑。"喝了很多杯之后，如果不想喝了，一定要把勺子放在杯子上；否则，你的杯子总会被拿走，洗净，再斟满，放在你面前。在第一次斟茶之后，按惯例，漂亮的侍者大多都会问你：'这茶喝着如何？'"①随军神父罗宾都会小声嘀咕："喝起来索然无味。"看来奉茶女郎的美貌对他没有杀伤力。

敬酒也是一种非常令人惊讶的习俗，有时会让人感到不舒服。"喝了太多为健康而敬的酒，让人疲惫不堪。餐桌的另一端，会有绅士要向你敬酒，有时可能只是因为多看了他一眼，这杯酒你就得和他一起喝下去。出于礼貌，这是不能拒绝的。"

在去波士顿的一次短途航行中，年轻的领队克洛森男爵路易参加了贵格会教徒的一次集会，"不幸的是，大家都提不起劲，都觉得有些无聊"。

奉茶的年轻女士的美貌令他着迷，因此他多喝了许多茶。"大自然赋予罗得岛的姑娘们人们所能想象到的最秀美的容貌：她们的肤色干净白皙，她们的手和脚通常很小巧。"希望其他州的女士们不会对这种偏爱产生反感。后来，人们发现，在去过的每一个城市里，年轻的克洛森男爵路易都同样会沉迷其中，显得比巴黎牧羊人更解风情。不知何故，一向坐怀不乱的他对波士顿女人十分有兴致，对费城女人也有许多好感。不过，他觉得费城女人有点太严肃了。究其原因，可能那里是国会所在地吧。

---

① 原文为英语。——原注

然而，最让法国"同胞"好奇的是一位伟人，一位他们在法国时就多次听到过的伟人——他是新生的自由理念和民众政府理念的化身，他就是华盛顿。所有法国人都想拜见他。旅行申请一经批准，有几个人就设法赶到了华盛顿的营地。对这几个人来说，尽管地位和性格各不相同，但他们对这位伟人的印象都是一样的，而且都与心理预期一致。在1780年9月的哈特福德会议上，罗尚博伯爵第一次见到了华盛顿。当时他们正打算制定第一个联合行动计划。两人的友谊从此开始，历经岁月沧桑，经久不衰。罗尚博伯爵在回忆录中写道："从我们开始通信的那一刻起，我就一直欣赏着他正确的判断和优雅的文笔。这很可能永远不会结束，直到我们中的一人离开这个世界。"

沙特吕侯爵在美军军营里见到了华盛顿。在军营，美国军乐队为他演奏了《休伦进行曲》（*March of the Huron*）。沙特吕侯爵对华盛顿的著名描述是这样结尾的："从波士顿到查尔斯顿，北美就像是一部伟大的作品，每一页都在赞美华盛顿。"[①]塞居尔伯爵说，自己知道现实无法与期望相媲美，但和华盛顿的会面与对他的期望一样美好。"他的外表几乎说明了他的一切。他的面容和性格中都闪耀着纯朴、庄重、威严、平静、善良和坚定的光芒。他是一个高贵而伟岸的人。他的表情温柔亲

---

① 《沙特吕侯爵1780年、1781年、1782年北美游记》（*Voyages de M. le Marquis de Chastellux dans l'Amérique Septentrionale, dans les années 1780, 1781 et 1782*）（2卷本），巴黎，1786年，第1卷，第118页。——原注

切，他的微笑令人愉快，他的举止简单而不冒昧……共和国的英雄就是他这样的。"随军神父罗宾说："我见过华盛顿，他是有史以来最伟大的革命的灵魂和支柱……在这个国家里，每个人都是最高权力的一分子……军队绝对服从他的调遣，争相获取他的褒奖。他的沉默都使军人们敬畏。"有一天，克洛森男爵路易被派去给这位伟人送信，就像其他人一样，也开始崇拜他了。

　　华盛顿应邀于1781年3月6日访问法军的营地和舰队。他受到了作为法国元帅应得的礼遇：军舰都挂上了彩旗；士兵们都穿上了最好的礼服，从罗尚博伯爵的府邸（美丽的弗农之家，至今尚存[①]）到港口一路排开；声声礼炮向这位"自由英雄"致敬。华盛顿看着德图什的舰队启程南下，并祝一路顺风。他停留了六天之后，于1781年3月13日离开。彩灯、晚宴、舞会把欢快气氛推到了顶点。我们在克洛森男爵路易的日记中读到："我可以说，他是带着我们全军的不舍、依恋、尊重和敬仰离开的。"关于伟人的总体印象，他补充道："他身上的一切都印证了伟人之所以伟大是源于完美的心灵。关于他的好再怎么说都不为过。"

[①]　现在是慈善组织协会的财产。参见莫德·莱曼·史蒂文斯（Maud Lyman Stevens）：《弗农山庄的历史》（*A History of the Vernon House*），纽波特，罗德岛，1915年，配插图。——原注

 弗农之家。

绘者信息不详。

6

　　1781年5月8日，"康科德"号抵达波士顿。巴拉斯伯爵（Count de Barras）在船上，他是"戴着红丝带的海军准将"，与未来的内阁成员出自同一家族，他将接替海军上将泰尔奈。和巴拉斯伯爵同行的是罗尚博子爵，他给父亲带来了一个坏消息，那就是不会有第二师了。"我的儿子孤零零地回来了。"罗尚博伯爵就这样向战争大臣抗议。但同时，罗尚博子爵也提供了一些重要的消息。格拉斯伯爵（Count de Grasse），即弗朗索瓦-约瑟夫·保罗·德·格拉斯（François-Joseph Paul de Grasse），率领的一支新舰队已经集结起来，在"康科德"号出发时，它刚刚驶向西印度群岛，因而可能会暂时获得海上控制权。我们知道，罗尚博伯爵在出发之前就在笔记簿上写过："没有制海权，就什么都没有。"

　　此外，韦尔热纳伯爵（Comte de Vergennes），即夏尔·格拉维耶（Charles Gravier），在写给拉吕泽纳的信中说，尽管"时局艰难，法国的财政状况已经很不稳定"，但美国人还是获得了"六百万里弗尔的免费资助"。罗尚博伯爵也得到了一些资金。1782年2月，他收到一百五十万里弗尔，还有一封雅克·内克尔的信。上面说："阁下请放心，您的军队向财政部要求的一切，都会立即准备好。七百万里弗尔稍后由'阿斯特雷'号带来。"这笔钱横渡大洋用了六十七天，没有发生意外。至于军队，当年6月，只有六百名新兵乘坐"射手座"号抵达波士顿。

既然已经没有什么可期待的，就该做出最后的决断了。现在必须做出巨大的努力，所有其他的努力都是基于这种努力而进行的。这种努力可能带来和平和美国的自由，也可能以持久的失败而告终。大家都感到这一时刻的重要和庄严。针对重要的问题，应该采取什么行动，进攻纽约还是解救南方。

这个问题的方方面面已经在长官们的信函里、会议上进行了充分的讨论，并且讨论仍在继续。有人打定了主意，不再在两个计划的利弊之间犹豫不决，并断言，唯一的好方案就是重新占领南方。奇怪的是，提出这一方案的人既不是华盛顿，也不是罗尚博伯爵，也不是任何一名身在美国的水手或士兵，而是一位外交官。之所以让大家关注这个，我只是对一位受人尊敬、尽职尽责的前辈聊表心意——这位明智的谏言者是拉吕泽纳。1781年4月20日，他写了一份调查报告，至今尚未出版。1781年5月19日，他将此报告寄送至罗尚博伯爵处，并附函要求务必将此报告呈送华盛顿亲阅。他还给巴拉斯伯爵寄送了一个副本。在报告中，拉吕泽纳坚持认为很有必要立即采取行动，行动地点选在切萨皮克。他说："当务之急是让国王的全部海军和将军们认为数量适当的陆军部队在切萨皮克湾集结。这一转变势必会给后续的战局带来最有利的结果。"他以一种独特、清醒的眼光预见了这一点。他又补充说："如果英国人跟着我们，并且在我们之后才到达海湾，他们的情况将与我们天差地别。他们的敌人会遍布美国所有沿海和内陆地区。他们既没有办法也没有时间，像他们在纽约那样，进行必要的布防，以保护自己不受美国军队的袭击；也不能使自己免受更强大的军队的到来所带来的危险。"如果他提出的计划执行起来有困难，那就应该制定其他计划，但他坚持认为："所有以解放南方各州为目标的方案，都必须优先考虑、立刻执行，刻不容缓。"

1781年5月23日，美法双方在康涅狄格州哈特福德附近的威斯菲尔德举行会议（会址在韦伯宅邸，保存完好）。华盛顿仍然表明他倾向于攻打纽约，并且理由也挺充分。他谈到了刚过去的这个季节，谈到了"我们在南方各州所进行的长途行军过程中的巨大人力消耗"，谈到了"陆上运输的难度"及其他各种各样的一些因素，"罗尚博伯爵已经十分了解这些情况，无须再重复了。这一切表明，在目前情况下，对纽约采取攻势才是首选，这要好过费力向南方派遣部队"。在会议举行的那天，他给拉吕泽纳写信说："如果我不补充说我们的目标是纽约，那就是对您的不尊重和不信任。"

尽管如此，拉吕泽纳仍然坚持自己的意见。1781年6月1日，他给罗尚博伯爵写信道："南方各州的形势每时每刻都变得更加关键，甚至变得非常危险，所有可以采取的用来解放南方各州的措施都将带来无限的好处……拉法耶特侯爵和纳瑟内尔·格林将军的处境最为尴尬，因为康沃利斯勋爵已经加入了切萨皮克的英军。如果弗吉尼亚得不到及时援助，英国人就能实现他们在

韦伯宅邸。
19 世纪版画，绘者信息不详。

南方采取大胆行动时给自己制定的目标。他们很快就会真正征服南方各州……我要照您的吩咐给格拉斯伯爵写信。也请您抓住每一个机会写信给他，并将您寄给他的信备份，一式两份或一式三份，以免丢失或被截获。""由格拉斯伯爵来拯救被压迫的南方各州，这不仅是人们希望的，也是最迫在眉睫的。他不仅要来，而且要把他能找到的所有法国军队都带过来，这样就可以在一定程度上补偿第二师没来而造成的损失。"

罗尚博伯爵很快就同意了，一贯有大智慧的华盛顿很快也同意了。1781年5月28日，这位法国元帅已经写信给格拉斯伯爵，恳求他想尽一切办法前来，将他的整个舰队带来；不仅带舰队，还要带钱来，从殖民地借也要借来；还要把所有能从法国驻军抽调来的陆军也都带来。罗尚博伯爵当然没有忘记圣西蒙想要前来帮助的愿望，他指望着圣西蒙的好意。在描述了接下来要付出的努力的重要性之后，他总结道："此时此刻，美国正处于生死存亡的紧要关头，而格拉斯伯爵可能就是大救星。"

事态就这样发展下去了。在接下来的几个星期内，美国乃至好几个国家的命运都掌控在了一个人的手里。为了配合西班牙的部署，在那个时代没有轮船，全靠风浪航海，而强制性命令又要求这个人要在特定的日期到达西印度群岛。他会冒这个险吗？这个将来能左右时局的人会给出什么样的答案呢？格拉斯伯爵，十二岁开始当水手，现在是中将兼总指挥。他在东方，在西印度群岛等很多海域都打过仗。他在韦桑岛（Ushant）时曾是多尔维利耶（d'Orvilliers）的部下；在加勒比海和吉尚（Guichen）抗击罗德尼。据说，他是个自负的人，有一些朋友，敌人也不少。不管是朋友还是敌人，都认同他的一个品质，那就是勇敢。他的水手们常说："我们的长官，平时身高六英尺，打仗时身高更是能达到六尺六。"

他将何去何从？那个时代的人们不得不静观其变，伺机而动。华盛顿和罗尚博伯爵也只能这么做了。1781年6月初，在北方的军营里，一切都骚动起来了。士兵们不知道等待他们的会是什么，但显然是有大事要发生。年轻军官为此欢呼雀跃。克洛森男爵路易在日记中写道："终于有机会进行一场'积极的运动'，并有机会去其他的州走一走，看看善良的美国人在礼仪、习俗、物产和贸易方面的地域差异。这是多么令人高兴啊！"

军队已从营地开拔，正在向纽约和南方集结。战士们情绪高涨，随时准备好去应对一切，或歌颂，或战斗。克洛森男爵路易写道："这个位于普罗维登斯（Providence）和布里斯托尔（Bristol）之间的地带非常迷人。我们以为自己到了天堂。所有的道路两旁都是盛开的金合欢，空气中弥漫着一股浓香。爬上尖塔望过去，那景色是美不胜收。就是蛇有点吓人，但即使在天堂里，也会有蛇的，不是吗？天气愈发炎热，于是上级安排夜间行军，从凌晨两点开始。道路有时会很泥泞，马车、大炮、运送渡河船的大车，都是令人头疼的麻烦，它们延误了行程。"可怜的随军神父罗宾没有做好殉道的准备，谈起自己的命运时，他有些忧心忡忡，害怕被英军俘虏，成为"那些反共和者的猎物"。倾盆大雨下着，火烧得很旺。神父罗宾躺在旁边，前边火烤着，后边雨浇着。然而，他发现，"在如此艰难的行军中，法国人的乐观仍在。成千上万的美国人被好奇心驱使，来到我们法军的营地"。他写道："我们欢天喜地，用军乐器为他们演奏，他们非常喜欢。于是，法军军官、士兵与美国人，男男女女一起跳舞。这是平等的盛宴，两国结盟初见成效，必将会根深叶茂……军衔、出身都被抛在脑后，士兵和军官都平起平坐，大家就这样享受着快乐时光。美国人屡屡问起那些法国军人在自己国家从事什么职业，他们无法想象军人是一个固定的、永久的职业。"

华盛顿写信建议防范间谍。这些间谍会打扮成农民，带来水果和其他给养，他们被派到法军军营，并且会"留心听自己能听到的每一个字"①。

为了以身作则，有几个军官不顾泥泞和炎热，下马和大家一起步行。他们中的一些人，像诺瓦耶子爵②（Viscount de Noailles），从纽波特一直走到约克镇，一共七百五十六英里。在这期间，很少有人生病。随军神父罗宾说："这都得益于长官们的关心。他们命令士兵们饮水时必须添加朗姆酒，以消除水中的有害物质。这条命令在执行中没听说有遇到抗议。直到最

---

① 1781年6月30日，写给罗尚博伯爵的信。——原注
② 即路易·马里·德·诺瓦耶（Louis Marie de Noailles, 1756—1804）。——译者注

近，这种预防措施仍然被认为是明智的。我们年轻时，经常长途跋涉，徒步穿越阿尔卑斯山。我们的向导深信往水里加点樱桃白兰地可以消除任何有害物质。不管怎么说，我们都打败了那些微生物。"

1781年7月6日，美法两军在菲利普斯堡（Phillipsburg）会合，罗尚博伯爵写道："美军的三个团从敌人在纽约岛的第一个驻防地——金斯布里奇（Kingsbridge）出发[①]，沿着哈得孙河左岸前进，来到会合地点。"一得知这一消息，英国殖民大臣乔治·杰曼勋爵就写信给在纽约担任总指挥的克林顿爵士："我相信，法军与美国军队的汇合将很快产生分歧和不满。华盛顿先生将发现有必要迅速将它们分开，要么让美国军队南下，要么让法军返回罗德岛……但我相信，在此之前，康沃利斯勋爵会给切萨皮克两岸忠诚的居民一个他们长久以来渴望的机会，让他们公开声明自己的原则并站出来支持国王的措施。"在他部分未发表的通信中，也有许多类似的证据证明康沃利斯勋爵的敏锐。他继续兴高采烈地叙述着美法两军会合必然会给英军带来的种种好结果，他洋洋自得，对前景充满乐观。这让任何熟悉拉封丹（La

---

① 十五年后，拉罗什富科-利昂古尔公爵（Duke de La Rochefoucauld-Liancourt）曾这样描述过该岛的地形："最后我们到达纽约岛的金斯布里奇，那里的地形通常很差，它位于城市最偏远的地方，仍然处于糟糕的状态。然而，在离纽约更近的六七英里范围内及在北大河（la rivière du Nord）和把这个岛同长岛（Long Island）分开的海湾附近的部分地区，到处都是农场，尤其是乡村住宅。"摘自《航海》（*Voyage*），第5卷，第300页。——原注

Fontaine）寓言的人都想起了爱做白日梦的佩雷（Perrette）和她的牛奶罐。

与此同时，即1781年7月9日，华盛顿和罗尚博伯爵正在检阅对方的部队。这个事实让乔治·杰曼勋爵大为惊讶。美军的装备越差，法国人就越同情和钦佩他们的忍耐力。克洛森公爵路易斯写道："看看那些勇敢的人，几乎衣不蔽体，只穿着亚麻背心和裤子——其中大部分都没有袜子——我们真的很痛心。但你相信吗？他们看上去很健康，精神饱满。"他又写道："我对美国军队充满了钦佩。令人难以置信的是，士兵们年龄各异，甚至有十五岁的孩子。队伍中有黑人也有白人。他们没有衣服，没有钱，吃得很差，却能行进得如此迅速，能如此坚强地抵抗敌人的炮火。大家都知道华盛顿将军集睿智和冷静于一身，我每天都能在他身上发现新的卓越品质，整个宇宙都尊敬他、钦佩他。毫无疑问，作为军队的领袖，他令人钦佩。军队里的每个人都把他当作朋友和父亲。"这些意见在法军中是一致的，肯定不是英国殖民大臣所指望的冲突。这些法军军官中有一些在几年后参加另一场革命，他们带兵打仗时一定会回想起1781年的这些在美国打仗的士兵。1792年他们又为同样的事业而战。

法国军人对敌人不再像以前那样怀有真正的仇恨，因为他们现在已经接近敌人，并且已经同其发生过几次流血冲突。在军事行动的间隙，双方的关系是礼貌的，有时甚至是友好的。英国人把关于欧洲的消息告诉给法国人，即使这些消息对法国人有利。英国人也会把报纸传给法国人。布朗夏尔写道："我们是通过英国人了解到雅克·内克尔辞职的消息。他们经常派号手给我们送报纸。"法国人从同一份报纸上得知，拉莫特-皮凯（La Motte-Picquet）俘获了几艘船，收获颇丰[1]。美国人不喜欢英国人和法国人之间的这种交流，甚至连华盛顿将军也不喜欢，因为他不习惯这样的对战状态。这场战争其实是为了一个信念，但怎样做才能既坚守信念，又能消除所有疑虑呢？

　　现在有两个未知的因素引起了将军们的深切关注。格拉斯伯爵会怎么做？克林顿爵士会怎么做？查尔斯顿战役的获胜者、在约翰内斯堡战役中受伤的军官克林顿爵士，这位享有盛誉的陆军中将和前国会议员占据着纽约。纽约当时还不是世界第二大城市，甚至还算不上是美国的第一大城市，只包括曼哈顿下城的普通房屋、教堂和花园，由于战争，人口减少到一万人。但英军总

---

[1]　舰队正把罗德尼在圣尤斯特歇斯（St. Eustatius）劫走的丰厚的战利品运往英国。其中十八艘船在1781年5月2日被拉莫特-皮凯俘获，因此到达了法国而不是英国。然而，军官们对黑森人持不同态度。有些黑森人已经开小差加入了洛赞公爵的军队，但他们马上又反悔了。对此，罗尚博伯爵写信给洛赞公爵说："你打算不再纠缠于黑森逃兵，这是你做出的最好的决定。你知道，我对黑森逃兵一直没有好感。"1780年12月22日写于纽波特。——原注

指挥驻扎在那里，在法美联军的必经之路上虎视眈眈。克林顿爵士有大量的物资可供调配，有坚固的防御工事，有强大的舰队支持其行动。他的军队数量和我方相当，也都训练有素。

在国家历史上的某些时期，经历了一连串的不幸之后，除了绝望，似乎已没有别的选择。突然间，天空放晴了，一切都变了。在美国独立战争中，这样一个时期已经开始。华盛顿和罗尚博伯爵的军队，带着货车、马车和大炮，跋山涉水，走过泥泞。任何与他们对抗的企图都有可能被证明注定会失败，不过，敌人什么都没做。最重要的是，应尽可能不让克林顿爵士弄清楚法美联军的真正计划。一切都有助于误导他，包括他的天性和当时的局势。他有一个不可动摇的信念，那就是整个局势的关键是纽约，而英王在北美的王权，还有他自己，克林顿爵士，将与这座城市共存亡。因此，他不愿离开这里，也不愿尝试外面的任何事情。他奉命尽最大努力帮助康沃利斯勋爵。英国王室的计划是征服南方各州，然后北上，继续征服。相反，他却一再要求康沃利斯勋爵派一些士兵回去。后来，他多次强调，还小心翼翼地加上了这一句："如果您能抽出人手……"他还在同一封信中写道："根据西姆科上校（Colonel Simcoe）的报告，阿诺德将军认为有两千名士兵驻守纽约就足够了，我很难想象您竟然会要四千多。"[1]

---

[1] 此信写于1781年7月8日。——原注

事实证明，截获的信函既可能是光明之源，也可能是黑暗之始。这在当时是时有发生的，无论是在陆上还是在海上，双方都有得有失。但时来运转，对法美联军来说，好日子来了。我方截获了有价值的信函，克林顿爵士则截获了有误导性的信函。这多少算是报应吧——他经常利用或试图利用截获的信函来占尽便宜。有一次，他截获了一封华盛顿的密信。其中的一段话可能会激怒罗尚博伯爵，他就把这封信登在了报纸上。但这两位指挥官不会轻易动怒，只会开诚布公地解释。拉吕泽纳本着同样的精神，自发地写信给罗尚博伯爵，谈到华盛顿和这一事件："我已经告诉所有对我说过这件事的人，除了一个优秀爱国者的热情，我在这次事件里什么也没有看见。这个公民一定是非常善良的，因为他的敌人找不到其他的罪行来指责他。"[1]

克林顿爵士又抓到了"宝"，他拿到了沙特吕侯爵写给拉吕泽纳的一封信。在信中，沙特吕侯爵非常高傲地谈起他那难以沟通的上司罗尚博伯爵及其"粗暴"言行。正如罗尚博伯爵所述，在信中，沙特吕侯爵显得有些自鸣得意。"他巧妙地设法使我同意华盛顿将军的意见。结果是我们终于决定围攻纽约岛……"沙特吕侯爵还补充说，"一个有本事的人也不大可能去说服总想要发号施令、颐指气使的将军"。克林顿爵士让人把这封信寄给罗尚博伯爵。罗尚博伯爵写道："沙特吕侯爵显然

---

[1] 此信写于1781年4月13日，见《罗尚博文集》。——原注

没打算在军中保持一团和气。"罗尚博伯爵把这封信拿给沙特吕侯爵看。沙特吕侯爵红着脸承认信是自己写的。将军一把火把信烧了。这位倒霉的院士"悔恨万分",他也感到自己的无知,因为他一直小心翼翼地不让克林顿爵士知道法美联军的真正计划。

克林顿爵士愉快地截获了在威斯菲尔德的会议上得出的结论。我们看到,华盛顿在会议上清楚地表达了他不愿意在南方发动进攻的意愿。1781年5月27日,巴拉斯伯爵写给拉吕泽纳的一封信也被截获。碰巧,巴拉斯伯爵在信中宣布,他打算带着全部舰队开往波士顿(这个计划本是真的,但刚刚决定就有了变化,改成了去切萨皮克)。罗尚博伯爵写给拉吕泽纳的一封最重要的信,解释了真正的计划,也被截取了。那封信是用密码写的,被英军设法破译了。但法美联军真是福星高照,因为破译密信的人在伦敦,不在纽约,而当破译稿最终传到克林顿爵士手中时,他早就坚信自己已经完全掌握了华盛顿和罗尚博伯爵的真实计划。

与此同时,这么多"宝藏"和克林顿爵士传来的消息让殖民大臣乔治·杰曼勋爵高兴万分。他给克林顿爵士写信道:"能截获这些如此重要的信函,您真是太幸运了。我们能从中看出,造反者们已经走投无路了。除非出现奇迹,否则他们就是秋后的蚂蚱,没几天蹦跶了。他们锁定纽约做最后一搏,我很高兴。"①

---

① 写于1781年7月14日。——原注

稍后，克林顿爵士因得到约两千四百名德意志士兵和新兵的增援而向乔治·杰曼勋爵致谢，并表示自己会周密布防，在纽约战斗到底。

与此同时，法美联军也尽最大努力，让英军指挥官对此深信不疑。为了制造长期围攻的假象，他们在纽约附近建造了为军队烤制面包的砖炉；进行了侦察、行军、撤离演练，还派了几艘船驶向长岛。但在牡蛎湾的几场小冲突，似乎是"大动作之前的小演练"。其中有一次，克洛森男爵路易、贝尔捷兄弟和沃邦伯爵（Count de Vauban），为了一顶帽子，差点送了命。一句关于帽子的军营谚语是克洛森男爵路易冒险的原因。回来后，他在日记中写道："仁慈的华盛顿拍拍我的肩膀，说：'亲爱的男爵，这句法国谚语在咱们军队中还不为人所知，但你在危险中的一番壮举会使这句谚语人尽皆知。'"（这句是伟人对年轻人说的原话，尽管措辞可能有点小出入。）

随后，1781年8月18日，法美联军突然拔营，不见了。将士们没走常规路线，而是带着沉重的装备，顶着酷热，困难重重地行军。他们首先向北行军三天，在国王渡口（King's Ferry）横渡哈得孙河，没有受到比以前更多的干扰。克林顿爵士的这种不作为怎么解释呢？纪尧姆·德·德蓬伯爵（Count Guillaume de Deux-Ponts）在日记中写道："对我来说，这是一个无法破译的谜。我希望我永远不会因为类似的谜团而受到指责。"这本日记的手稿是在巴黎的码头发现的[①]，并在美国印刷。

　　一过哈得孙河，法美联军开始向南急行。为了加快行动速度，罗尚博伯爵规定遗留一定数量的物资。克洛森男爵路易说，这"在前线引起了很大不满"，士兵们嘟囔着继续前进。可以肯定的是，如此重要的行动，克林顿爵士一定得到了消息。然而，克林顿爵士赌错了，正如他在1781年9月7日给乔治·杰曼勋爵的信中所说的那样："这是在装样子。"当他发现这不是在"装样子"时，法美联军已是遥不可及了。克洛森男爵路易兴高采烈地写道："还有什么好说的？下次看清楚点吧！"他还在日记本的页边上画了一副眼镜。

　　南下的行进畅通无阻，法美联军首先越过了泽西。"这是一片乐土，可以吃到野味、鱼、蔬菜和家禽。"克洛森男爵路易很高兴地写道，"能在这里听华盛顿将军亲口讲述关于特伦顿和普林斯顿等著名战役的部署、行动及所有事件"。这个年轻人的英语有了很大的进步，现在给华盛顿和罗尚博伯爵两位将军当翻译，因此什么都逃不过他的眼睛：庆祝凯旋的费城招待会；讲究礼仪的美国国会；无数的酒宴；庞大的城市——"七十二条大街一字排开……商店里商品琳琅满目，有些商店完全不输巴

---

① 1867年6月，S. A. 格林（S. A. Green）出版了这本日记的英语版《我在美国的战斗，纪尧姆·德·德蓬伯爵日记》（*My Campaigns in America, a journal kept by Count Guillaume de Deux-Ponts*），波士顿，1868年。——原注

黎的小敦刻尔克（Petit Dunkerque）"，"现在小敦刻尔克还在吗？那里还会下雪吗？"①费城女人非常漂亮，"举止迷人，衣着考究，即使在法国也算时髦了"。法国贵格会教徒贝内泽（Benezet）是费城的名人之一，充满智慧；而拉吕泽纳则"富可敌国"，他宴请了一百八十位客人。

1781年9月5日，罗尚博伯爵和助手们从费城乘船到切斯特（Chester）。克洛森男爵路易说："刚到切斯特，我们远远就看到华盛顿将军挥着帽子和白手帕，显得格外高兴。罗尚博伯爵刚上岸，平时冷静沉着的华盛顿就冲上前来拥抱他。好消息来了，格拉斯伯爵来了。康沃利斯勋爵在约克镇处于守势时，法军舰队正在封锁切萨皮克。"②

收到华盛顿、罗尚博伯爵、拉吕泽纳的来信，得知在很大程度上美国的命运掌控在自己手中后，格拉斯伯爵写信给拉吕泽纳："得知美国大陆面临如此境地，如此需要紧急援助，我很焦急。"如果没有自己的一臂之力，整个事业将前功尽弃。他已经

① 小敦刻尔克就建在新桥（Pont-Neuf）入口处，是当时最著名的"平价商店"，一直开到1914年7月。商店的招牌是一艘小船，上面写着"小敦刻尔克"。招牌被保存下来，现存卡纳瓦莱博物馆。——原注
② 华盛顿的喜悦与他焦虑的程度成正比。就在三天前，他在写给拉法耶特侯爵的信中说："然而，我亲爱的侯爵，得知格拉斯伯爵的事，我感到难以形容的悲痛，我还担心英国舰队占领了切萨皮克。据我收到的最后的报告，英军舰队正驶向切萨皮克。这可能会使我们在该地的前途变得渺茫……再见了，我亲爱的侯爵。如果您从任何方面得到什么新消息，请立刻寄来，因为我几乎是急不可耐了。"费城，1781年9月2日。——原注

决定，为了这高尚的事业，自己将不遗余力。1781年8月5日，格拉斯伯爵就从法兰西角（如今的海地角）启航。他把岛上能找到的所有船都编入了舰队。其中有几艘是已经好几年不用、奉命回法国维修的船。尽管他提出用自己在蒂利的城堡作抵押，而掌管"勃艮第公爵"号的沙里特骑士（Chevalier de Charitte）也提出了同样的条件，但要得到钱还是有很大的困难。不过，最后多亏了哈瓦那的西班牙总督，他才弄到了所需的一百二十万法郎。此外，他还带着圣西蒙侯爵和他指挥的三千正规军。格拉斯伯爵的唯一要求是，行动必须以最快的速度推进，因为他一定要在一个已经确定的日期前赶回西印度群岛。可以肯定地说，没有人比他为美国冒的风险更大、做的事情更多，但他也是唯一一位没有纪念碑的领导人。

消息像野火一样传开了。军营里充满了欢声笑语。在费城，这种欢乐是难以形容的。人们挤在拉吕泽纳家门前，为他和他的国家欢呼。在街道上，即兴演说家站在椅子上，模拟康沃利斯勋爵的"葬礼演说"。罗尚博伯爵在给海军上将格拉斯伯爵的信中写道："您带来了普世的欢乐，整个美国都欣喜若狂。"

然而，没多久，当得知法国军舰已撤离，通往切萨皮克港的入口又变得无人防守时，美国人的焦虑又重新燃起。胡德[①]和托马斯·格雷夫斯带领的英国舰队，有二十艘军舰和七艘护卫

---

① 即塞缪尔·胡德（Samuel Hood，1724—1816）。——译者注

舰。当初，就是这个托马斯·格雷夫斯未能拦截罗尚博伯爵的舰队。1781年9月5日得到消息，为了更快行进，格拉斯伯爵把一些船和在陆上忙活的水手们留在了原地。在看到信号的三刻钟后，他的舰队起锚，冒着战斗的危险。事实上，这场战斗关乎此次战役，乃至整个独立战争的成败。著名的塔尔顿曾写道："格拉斯伯爵的这种行为值得钦佩。"六天后，法国海军上将格拉斯伯爵回来了。有二十一名军官和两百名水手死亡或受伤，但舰艇都保住了。而敌人的舰队损失惨重，已经被迫撤回纽约；并且敌方伤亡三百三十六人；"泰瑞宝"号失去了七十四门火炮，"艾瑞斯"号、"里士满"号损失四十门火炮[①]。英国海军上将罗伯特·迪格比（Admiral Robert Digby）随即率领海军增援部队抵达。拉吕泽纳在给罗尚博伯爵的信中说："但我认为，不用再打仗了。即使打的话，我也不担心结果。"塔尔顿在《战役史》（History of the Campaigns）中写道："不用再做无谓的尝试了，这种海上的优势证明了英国的对手的力量，打乱了英国将军们的计划，打击了他们的朋友的勇气，并最终巩固了美国的独

---

① 托马斯·格雷夫斯理所当然会想到，格拉斯伯爵出发得这么快，他一定会让几艘船切断锚索，并用浮标标出切断锚索的方位。这两艘护卫舰是被派去收集这些浮标的，被俘时，它们正带着一些浮标作为战利品送给英国海军上将。〔《特别期刊》（Journal Particulier），雷维尔伯爵（Count de Revel），步兵团中尉，第131页。〕1781年9月15日，华盛顿写信给格拉斯伯爵说："阁下将英国舰队赶出海岸，并缴获了两艘护卫舰。我难以表达自己对您的祝贺之情……"——原注

立。"①从法国启航时，罗尚博伯爵曾在笔记本上写道："没有制海权，就什么都没有。"

再次进入纽波特海湾，格拉斯伯爵很高兴地发现那里又有一支法军舰队，是他的朋友保罗·巴拉斯伯爵率领的舰队。作为一名中将，其级别比巴拉斯高；但作为一名"总指挥"，巴拉斯是其上司。这可能会造成困难。巴拉斯可能会被诱惑，而他也确实被诱惑去单打独斗，以图独自收获可能成功的荣耀。1781年7月28日，他在写给巴拉斯的信中说："我亲爱的巴拉斯，为了共同的事业，您来加入我的行列；或者，您去单打独斗，都由您来决定，请务必让我知道您的决定，免得我们在不知不觉中互相妨碍。"为了共同的事业，巴拉斯抛开了自己的私利。他率军离开纽波特，冲到公海，然后在远海向南奔去，避开英国人，到达切萨皮克。他带着重型火炮，在最后的决战中，这个是必不可少的。幸运的天平一直在向法美联军倾斜。

这时，著名的双重围攻开始了，即华盛顿和罗尚博伯爵对约克镇②的围攻，以及对河对岸的格洛斯特（Gloucester）的围攻——该地本来可以为康沃利斯勋爵提供退路。格拉斯伯爵考虑到这一点，同意让舒瓦西（Choisy）麾下的八百人登陆。洛

① 英军指挥官塔尔顿中校：《1780年和1787年战役的历史》（*History of the Campaigns of 1780 and 1787*），都柏林，1787年，第403页。——原注

② 副官梅农维尔先生（Mr. de Ménonville）的备忘录：《围城日记》（*Journal of the Siege*），英译本刊登于《美国历史杂志》1881年第7期，第283页。——原注

赞公爵带领他的部队和舒瓦西的部队会合。这两支部队和威登（Weedon）麾下的美国民兵一起行动[1]。约克镇的两位指挥官按照战术小心翼翼地执行任务。克洛森男爵路易说，这是"鉴于康沃利斯勋爵的名头和英国守军的力量"。罗尚博伯爵当然是熟悉围城战术的，这是他第十五次指挥围城。

日子一天天过去，针对康沃利斯勋爵的包围圈越来越小。直到1780年9月29日，康沃利斯勋爵都仍然满怀希望，他在给克林顿爵士的信中说："这两天，我冒险站在办公室外面，直面华盛顿将军的全部力量。我很乐于向您保证，全军上下只有一个愿望，那就是等着敌人向前推进。"十几天后，他的语气大不相同了："我只想重复一遍，直接前往约克河。只有海军打一场胜仗，才能帮我脱离困境……我们的许多防御工事都受损严重。"

与此同时，1781年10月12日，乔治·杰曼勋爵心情异常愉快，给克林顿爵士写信说："我非常欣喜地发现……您在那个地区（切萨皮克）实施军事行动的计划与我的建议是一致的。"而英国宫廷和乔治·杰曼勋爵本人一样不以为虑，安排威廉王子和迪格比同行。威廉王子可不简单，是乔治三世十五个孩子中的一

---

① 格洛斯特由"约克对面的海角上的四所房屋"组成，由战壕、壕沟、多面堡垒组成，有一千两百人的守备部队驻守。（《特别期刊》，雷维尔伯爵，第171页）围攻格洛斯特的详细过程被记录下来。舒瓦西"曾因保卫波兰的克拉科夫城堡而名声大振"。（出处同上，第139页）——原注

个，后来成为乔治三世的继承人威廉四世。但他的出现只能证明他是一个累赘。

在熟悉的围攻中，美军和法军的表现一样英勇，而遭受的损失也大致相同。在此之后，必须采取决定性行动，对敌人的防御工事进行夜间攻击。一处由拉法耶特侯爵率领的美国人攻打，另一处则由维奥梅尼尔（Viomesnil）率领的法国人攻打。罗尚博伯爵特地对加蒂奈团（regiment of Gatinais）的掷弹兵说，这个团是由他从前的无敌奥弗涅团的一部分人组成的，他说："我的孩子们，如果我今晚需要你们，我希望你们不要忘记，我们曾在勇敢的无敌奥弗涅团一起战斗过。这是一个光荣的称号，自成立起，这支部队就配得上该称号。"士兵们回答说，如果上级答应恢复部队从前的名字，他们就不惜战死沙场。士兵们的确做到了，许多人阵亡了。罗尚博伯爵一回到巴黎，首先提出的一个要求就是恢复部队原来的名字，并且也实现了。这样，"加蒂奈团"成为"皇家奥弗涅团（Royal Auvergne）"，也就是现在的第十八步兵团。

1781年10月19日，在攻守双方各损失将近三百人之后，它们签署了一项法案。其意义之重大，不亚于任何最血腥的战斗，约克镇投降除外。从某种意义上说，这是对五年前在费城提出要签署的另一项法案——《独立宣言》的批准。在此期间，《独立宣言》的缔造者们的命运曾多次陷入绝境。

同一天，克洛森男爵路易写道："下午两点，约克镇的英国守军走到法美联军面前。法美联军排成两列，法军全副军装，面对着美军……英军从法军和美军之间通过，它对美军十分鄙视，因为美军在衣着和外表上都不光鲜。这些可怜的孩子中有许多人穿的是亚麻布的衣服——又破又脏，有一些几乎光着脚。英国人给他们起了个外号叫'扬基·杜德尔（Yankee Doodle）'。这有什么关系？有见识的人会思考：他们更值得赞扬，他们的英勇展露无遗，尽管他们的装备如此简陋。"罗尚博伯爵作为一个理性的人，在回忆录中写道："我们应该为美国人正名，因为他们表现出了热情、勇气和不甘落后的精神。尽管他们还不习惯围城战，但在所有交给他们的围城任务中，他们并没有落后。"

整个约克镇满目疮痍。克洛森男爵路易说："我永远不会忘记，约克镇的面貌是多么可怕和痛苦……人们走不到三步就能发现炸弹、炮弹碎片留下的大洞，勉强盖住的坟墓，黑人和白人的肢体散布在各处，大多数房屋都被子弹打得千疮百孔，窗户也没有玻璃了……我们在康沃利斯勋爵家里找到了他。他的态度表明了他灵魂的高尚、他的宽宏大量和坚定的性格。他好像在说：'我没有什么可自责的，我已经尽忠职守了。'"康沃利斯勋爵给人的印象是洒脱的。

克洛森男爵路易所描述的小镇，现在安静下来，在碧水边，在沙丘旁，快睡着了。但在内战期间，这里会被再次撕裂、血洗。一百年后，由国会筹建的纪念碑会矗立在这里。[①]
随军神父罗宾也证实了这一点，他也注意到"空气里弥漫着
大量的残肢断臂腐烂的气味"。但作为一位神父，他也关注
到了散落在废墟中的大量书籍，许多是关于虔诚、神学争论
的作品，还有著名教皇的作品，蒙田[②]（Montaigne）《散文
集》（*Essays*）、《吉尔·布拉斯》（*Gil Blas*）及托马斯先生
（Monsieur Thomas）《论女人》（*Essay on Women*）的英译本。励
志的文章很受欢迎。在美国，社交圈里的贵妇们提倡用"在隐忍
中产生、在沉默中成长的自然情感"来充实自己的灵魂。

在这个庄严的时刻所发生的一切，最能真实地反映出整个
战争期间法国人情绪的主要特征，也最能说明他们对"慈善事
业"和自由的新生热情，他们对美国人的支持远远多过和英国
的对抗。对于被征服的敌人，他们的一言一行都没有表现出胜
利的态度。即使在投降中，事实仍然很明显——这不是一场仇恨

---

① 早在1796年，当拉罗什富科-利昂古尔访问这座城市时，这个曾经繁荣
　的城市已经变成了一个拥有八百名居民的自治市，其中三分之二是有色
　人种。拉罗什富科-利昂古尔说："那些居民是没有职业的。一些人零
　售烈酒或布料，一些人被称为律师，一些人被称为治安法官。他们大多
　数人在离城镇不远的地方有一个小农场，他们每天早晨去那里看看，但
　这几乎没有填满他们的思想和时间。约克镇的居民彼此相处得很好，他
　们更喜欢一起吃饭、喝潘趣酒、打台球。为了在这种单调的生活中引
　入更多的变化，他们经常改变他们相聚的地点……在这里，罗尚博元帅
　的名字仍然受到极大的尊敬。"《美国之旅》（*Voyage dans les Etats-
　Unis*）（7卷本），巴黎，第6卷，第283页。——原注
② 即米歇尔·德·蒙田（Michel de Montaigne，1533—1592）。——译者注

引发的战争。随军神父罗宾写道："英国人，在选定的地方放下武器。他们小心翼翼地不让无关的人在场，以减少他们的耻辱感。"当时在场的亨利·李（Henry Lee，轻骑兵哈利）也以同样的精神描述了这一过程："在广大的人群中，大家都保持着沉默，人们举止庄重，表现出一种对人生沧桑的深切体会，也夹杂着对不幸之人的同情。"①

胜利者们同情康沃利斯勋爵，对他百般照顾。听说他没有钱，罗尚博伯爵就按所需数目都借给了他，并邀请他和英国军官们在1781年11月2日前来共进晚餐。克洛森男爵路易写道："康沃利斯勋爵深思熟虑的态度、高贵而文雅的举止尤其让人印象深刻。他畅谈在卡罗来纳的战役，但他承认，虽然他那时打了几场胜仗，但也是那些胜仗造成了他在约克镇围城战役的失败。除了塔尔顿，所有的人都说法语。奥哈拉（O'Hara）说得特别好。不过在我们看来，他有点卖弄的意思。"②英国将军和一些法国军

---

① 《美国南部战争回忆录》（*Memoirs of the War in the Southern Department of the United States*），费城，1812年，第2卷，第343页。本着同样的精神，蓬吉博指出，英国军队放下武器，"为了勇敢而不幸的士兵们"。摘自《莫雷伯爵回忆录》，1898年，第104页。——原注

② 格洛斯特那边也一样。投降后，"英国军官们来看我们值班的军官们，对他们非常诚恳，为他们的健康干杯"。摘自雷维尔《特别期刊》，第168页。1781年10月27日，英国舰队才出现在海岬入口处。那天有三十一艘船；第二天有四十四艘；10月29日以后，他们就不见了。雷维尔写道："托马斯·格雷夫斯上将的军队中有将军克林顿爵士，还有从纽约赶来帮助康沃利斯勋爵的军队。但为时已晚，他们决定回去。"（出处同上，第178页）。——原注

官之间开始友好通信。英军投降一周后，诺瓦耶子爵，就是步行了七百多英里的那位，把他的那本吉贝尔伯爵的著作《战术概论》借给康沃利斯勋爵。这本书是当时欧洲的热门话题，后来拿破仑说过："这本书能成就伟人。"吉贝尔伯爵希望通过写书和打仗出名。尽管当上了将军和院士，命运却很讽刺。人们记住他的主要原因是：他是莱斯皮纳斯小姐（Mademoiselle de Lespinasse）书信中的主人公。

康沃利斯勋爵很清楚地认识到，法国人是为了自己心中最珍视的事业而战，而不是为了贬低他或英国。康沃利斯勋爵公开公正地对待敌人，承认他们给了自己最公平的待遇。在最后一份报告中，康沃利斯勋爵对这次灾难做了叙述，并在到达英国后将这份报告付印，他还说："法国军官对我们怀有善意，关照我们，对我们的处境感同身受。我们需要钱，他们就慷慨解囊，不计数目……无论如何，这一切，我已经无法用语言描述。如果有那么一天，风云变幻的战争使他们当中有人受制于我们的时候，我希望英国军官们都能将此铭记于心。"

法国人在美国的态度与他们在欧洲时的态度完全一致。康沃利斯勋爵投降，法美联军俘虏英军八千名士兵（其中两千人在医院）、八百名水手，缴获两百一十四门大炮和二十二面旗子。洛赞公爵和德蓬伯爵因为害怕被拦截，曾乘坐两艘不同的护卫舰回法国报喜。路易十六得知这一消息后，写信给罗尚博伯爵说："伯爵先生，军队的胜利使我高兴，只是因为它有助于和平。"为了感谢这位"繁荣的缔造者",路易十六宣布已发信给本国的大主教和主教们,让他们在所有教区的教堂大唱颂歌。

法国教堂的老公鸡已经很久没有在教堂的尖塔上随着庆祝胜利的赞美诗而颤抖了。我们法国人战胜了敌人。不久之前,他们夺走了我们的加拿大。最重要的是,"蒙上帝恩典,南希主教(Bishop of Nancy)路易·阿波里耐·德·拉·图尔·迪·潘·蒙托邦(Louis Apollinaire de la Tour du Pin Montauban)"在信中指定了感恩节庆典的日期,并补充道:"这一重要胜利是最明智的措施的结果。"理性和人性已经对这一胜利进行了衡量,并将它置于值得纪念的"血腥的胜利"之上。这一胜利的光辉已被几乎弥漫全世界的哀悼遮蔽。我们的盟友和我们英勇的同胞不必血溅沙场,我们无须让对手血流成河,无须让他们的国家满是不幸的寡妇和母亲,就已经大大削弱了敌人的力量,让他们的努力付之东流,让他们花费巨大而一无所获,我们还有什么不满意的呢?为了这一点,也为了胜利,我们必须表示感谢。因为这一点,也因为这种罕见的、人道的感悟,路易·阿波里耐·德·拉·图尔·迪·潘·蒙托邦主教的名字值得被记住。

全国人民都和主教有同感。法国关于这场战争及胜利的最典型的出版物之一《色诺芬记忆》(*Fragment of Xenophon*),于

1783年匿名出版。[①]此书以希腊人和迦太基人的名义，讲述了这场战争的故事。书中的主人公很容易辨识，因为都是在名字的拼写顺序上做了调整：华盛顿被改为图辛纳斯（Tusingonas）；罗尚博伯爵是切洛巴斯（Cherambos）；著名的拉法耶特侯爵是菲拉特特（Filaatete）；德斯坦是坦吉德斯（Tangides）；还有睿智的米利都的泰勒斯（Thales of Milet），即富兰克林。

该书译者留意到，富有批判精神的人可能会发现其中的年代错误，但这问题不大，他很快就会推出印刷精美的希腊语原版。那些有钱的业余爱好者，即使看不懂，也会去买；有学问的人读得懂它却买不起。这样就没什么问题了。

该书作者详细描述了"希腊人"和"迦太基人"，也就是法国人和他们以前的敌人——英国人："希腊，由于其知识和艺术的优势，似乎领导着世界其他地方，而雅典领导着希腊。雅典人被指责反复无常。他们受到这样的责备，因为他们性格多变，喜欢新鲜事物，喜欢开玩笑。但他们的缺点也有令人高兴之处。此外，他们罕见的品质也得到了公正的对待：尽管他们性情温和，由于贪图享乐而变得软弱，但他们也无惧冒险和流血；他们对荣耀和享乐同样渴望；他们极有品位；他们把荣誉看得很重；他们有些轻浮，同时又坦率、慷慨……这个辉煌而闻名的国

---

① 当时受欢迎的作家加布里埃尔·布里扎尔（Gabriel Brizard）的法语译作：《最近在帕尔米拉为英国人发现并存放于大英博物馆的色诺芬记忆——由一位法国人从希腊语译出》。——原注

家就是这样的。那些对她大加谴责的敌人都羡慕住在她境内的公民的那种活法。"

不管后来发生的事情是否已经或多或少地治愈了法国人这种轻浮的毛病，任何人都可以看到当下的情形，做出判断。

"希腊人"（法国人）对"迦太基人"（英国人）没有敌意，没有仇恨。相反，比起很多英国作家，许多法国人不吝溢美之词，对英军赞许有加："必须承认，他们的防御做得太好了……他们的对手无处不在，尽管结果对他们来说是灾难性的，但这段历史对他们而言是最辉煌的。我们为什么要犹豫？公正地对待他们吧。是的，是的，如果大力神赫拉克勒斯[①]的守卫者亲自参加我们的庆祝活动，他一定会得到希腊人对英勇慷慨的敌人应有的赞扬和掌声。"

很多人都是这么想的。1785年，当时最权威的时事评论员拉克雷泰勒（Lacretelle）在《法国信使报》（*Mercure de France*）谈到新生的美国的未来时，赞扬了备受推崇的由欧洲最出色的政府颁布的英国宪法对美国人的有利影响。因为创造了"值得为之松开枷锁"的民族，这将是英国的光荣，但它也要承受骂名，因为它忘了自己的初心，逼得美国人不得不独立。

对于两年前开始参加"新十字军"的法军士兵来说，他们

---

① 指艾略特将军，即后来的希思菲尔德勋爵，是直布罗陀的捍卫者。他在法国出名，不仅因为他是敌人，还因为他是拉费雷军事学校的学生。——原注

立刻相信，与他们期待的一样，他们见证的这一宏伟事业，必将在世界历史上留下深刻的印记。他们带回了自由和平的种子，也就是蓬吉博所谓的"病毒"。蓬吉博虽然是拉法耶特侯爵的朋友，但他始终是一名保皇党人，坚决抵制新思潮。塔列朗在回忆录中写道："年轻的法国贵族，他们为独立事业而战，永远坚守着自己捍卫的原则。"[①]年轻的圣西蒙，未来的圣西蒙主义者（空想社会主义者），这样总结了他对这次运动的印象："我觉得美国革命标志着一个新政治时代的开始，这场革命必然会在整个人类文明中引起一个重大的进步。不久之后，它将使欧洲现存的社会秩序发生巨大的变化。"纪尧姆·德·德蓬伯爵在率军突袭棱堡时受伤，他在日记的最后一行写道："有幸能率领如此骁勇善战、纪律严明的军队来和敌人对抗，我们无所不能……我生命中最伟大的时光都归功于他们，这是永远不会磨灭的纪念……

---

① 马蒂厄-杜马在波士顿逗留期间，去拜访了一些战友，几个美国独立战争的英雄：约翰·汉考克（John Hancock）、约翰·亚当斯、库珀博士。"我们如饥似渴地听库珀博士讲话，在我们为自由而热情鼓掌时，他对我们说：'当心，当心，年轻人，不要让在这片处女地上取得的胜利过分影响你们的希望。你们将把这些慷慨情感的种子带走，但如果你们想在自己的故土培育它们，经过了这么多世纪的腐败，你们就必须克服更多的障碍。我们为获得自由流了许多鲜血。你们在旧欧洲培育这些种子时，肯定也会遭遇激流。'从那以后，在我们的政治动乱中，在我们不幸的日子里，我多次想起库珀博士的临别预言，美国人用流血换来的无价财富从未离开过我的脑海。"（《中将马蒂厄-杜马伯爵回忆录》，由他的儿子出版，第1卷，第108页）作者注意到，"尽管在语言、风俗、礼仪、宗教、政府原则等方面与英国人相似，但美国人的国民性格在早期就已经形成了"。（出处同上，第113页）——原注

人的一生充满了各种考验，但当我们享受过与之相配的愉快时光时，就再也不会怨天尤人。只要一刹那，这些烦恼就会消失；而这一刹那，如果被人怨恨，就会使人渴望新的考验，以便再一次享受它们的报偿。"很多人对此感同身受。

8

罗尚博伯爵在美国待了一年多。和平是一种可能，而不是必然。在伦敦，一直到1781年11月20日都是捷报频传，但在1781年11月25日，"响尾蛇"号战舰带回了噩耗。乔治三世和大臣们拒绝接受失败。特别是乔治·杰曼勋爵，对他来说，这打击太大，他恳请议会"全力进行战争，而不是让法国人告诉美国人，他们已经获得了独立。而在与他们的贸易中，英国人即使不享有专有权，也应该享有一种优惠"。我们对此并不是很明了。英、法、美之间的商业条约是在三年前签订的。在那个时候，随便给点好处就足以安抚法国。但正如我们所见，条约中没有这样做，其中任何好处都是平等地得到的，对英国人也是如此。

至于乔治三世，他决定将1782年2月8日定为全国斋戒日，以祈求上帝宽恕过去的罪行，并祈求上帝协助战争。富兰克林仍在恳请同胞们保持警惕："看来英国人民已经厌倦了战争……但国王很固执。你会看到，政府部门宣布，未来在美国发生的战争只会是防御性的。我希望我们应谨慎行事，不要过分依赖这一宣言。它只是为了麻痹我们，因为毫无疑问，国王真心地恨我们，不把我们除掉，他是不会满意的。"[1]

这位贤士和法军海军将领们书信往来，谈笑风生。1781年12月11日，布里永夫人（Madame Brillon）从尼斯（Nice）用法语写信寄来："亲爱的爸爸，我生您的气了……是的，爸爸先生，我不开心了。太不像话！您在美国拿下了整个军队，你俘虏了康沃利斯勋爵，缴获火炮、军舰、弹药、兵马，等等，您俘获了一切的一切。只有公报通知您的朋友们，他们为您的健康干杯。而对华盛顿，对美国的独立，对法国国王，对拉法耶特侯爵、罗尚博伯爵、沙特吕侯爵，您当这些都不存在吗……"

富兰克林用他那支无所畏惧，甚至连法语语法都不怕的勇敢的笔回复道："1781年12月25日写于帕西（Passy）。我对你有所隐瞒，我亲爱的宝贝。我没有马上公布我们伟大胜利的消息。我很清楚我们的优势并不大，也清楚可能存在的变数，我们还没有彻底获胜。要知道，战争充满了变数和不确定性。祸兮，福之所倚；福兮，祸之所伏。"

1782年6月，华盛顿写道："前途未卜，期望仅通过对和平的美好愿望来实现我们的目标是徒劳的，指望借助别的国家来实

---

[1] 1782年3月4日于帕西写给罗伯特·利文斯顿（Robert Livingston）的信。——原注

现这一目标同样是不现实的。"[1]因此，法军和美军仍带着武器原地待命。但欧洲大陆都在观望。即使乔治三世还想打仗，英国人民也不想再打了。罗尚博伯爵利用这段"闲暇时光"，四处游走，去邻家拜访，请他们吃饭，了解当地的风土人情，还在二十名游猎者的陪同下，穿过丛林去猎狐。克洛森男爵路易写道："我们已经抓了三十多只狐狸，当地人的猎犬很厉害。"法国人和美国人习俗不同，经常闹出笑话来。这位年轻的助手对此有些不满，他观察到："法国的新年习俗是相互拥抱，在大街上也拥抱。美国人觉得这好笑，但他们握手，有时握很长时间，很紧，还来回晃，比欧洲人的拥抱好不到哪儿去。"

罗尚博伯爵在威廉斯堡安顿下来。此地安静而肃穆，当时是辽阔的弗吉尼亚州的首府。这里有著名的布鲁顿教堂及由克里斯托弗·雷恩爵士（Sir Christopher Wren）设计的古老的威廉与玛丽学院，闻名遐迩的大学优秀生联谊会（Phi Beta Kappa fraternity）的诞生地，这里还有前英国总督博特图尔勋爵（Lord Botetourt）的雕像[2]——雕像戴着引人注目的"大理石假发"，披着"宫廷斗篷"，底座上的碑文写道"美国视您为朋友"。

美国的另一个朋友——罗尚博伯爵，就在威廉与玛丽学院里住下来了。这所学院里有一栋楼，本来是法军的医院，后来

---

① 1782年6月15日，致阿奇博尔德·凯里（Archibald Cary）。——原注
② 白色大理石，有签名并标注了日期：理查德·海沃德（Richard Hayward），伦敦，1773年。——原注

一不小心失火了，不过，这位法国元帅立刻出钱修好了。罗尚博伯爵看到的人越发多了，他注意到一些特点，比如：宗教宽容思想的传播、无人享有特权、落到实处的平等。托克维尔^①将再次提及这些特点。"住在当地的农夫既不是领主，也不是佃户，而是土地的拥有者。"农夫们花了三四十年的时间，先是盖"原木、木桩搭建的房子"，之后是"连接良好的木板房子"，最后是"砖房——这是他们建筑的极致"。这里劳动力很贵，日工资一美元。这个国家现有三百多万居民，将来养活三千多万人口不成问题。这猜得不错，因为在罗尚博伯爵所处的时代，美国只有十三个州，到现在已经有三十七个了。美国男人喜欢英国家具，女人则非常喜欢法国时装。在没有受到战争破坏的地方，人们都过着安逸的生活，"而黑人却一直忙着清理餐桌、摆放餐具"。

　　忠心耿耿的克洛森男爵路易，由于在围城战中的英勇表现而被提拔，随同罗尚博伯爵到各处去。出于对动物的喜爱，他有时也单独去探险，他正在收集一些动物，有些是活的，有些是标本。"如果我把它们送出去，收到的人开心的话，那就再好不过了。"他记录浣熊的情况，观察负鼠，还去沼泽地看河狸挖洞，那里到处都是河狸挖的洞。他还去看了当地大受欢迎的斗鸡比赛，"但这种景象有点太残忍了，无法让人从中获得乐趣"。

---

① 即亚历克西·德·托克维尔（Alexis de Tocqueville，1805—1859）。——译者注

克洛森男爵路易去朴次茅斯给舰队总指挥沃德勒伊先生（Mr. de Vaudreuil）送信，他见识了一种非常奇怪的动物。"当地的人叫它麝香猫，但我认为它是那种很臭的臭鼬。不管怎么说，仔细看看这个家伙，这个名字还真贴切。"在那里，他还研究土拨鼠。这位法国军官在日记中津津乐道的一点就是美国森林里活泼可爱的野生动物。他描述自己从切萨皮克到福吉谷（Valley Forge）的长途跋涉。他们一行人的军舰在切萨皮克失事了。他当上了他的"奥弗涅同乡"拉法耶特侯爵的助手，和年轻的蓬吉博一道，没有行李也没有钱，睡在露天里，记述美丽的鸟类和无数可爱活泼的小松鼠。"它们从一根树枝跳到另一根树枝，从一棵树跳到另一棵树，围绕着我。它们似乎伴随着一个年轻的士兵光荣凯旋……那一群如此敏捷、聪明的小舞蹈家，它们跳跃、嬉闹，确实妨碍了我的步伐……十八岁的人就是这样：当下的时刻让他们忘记了其他的一切。"[①]

　　罗尚博伯爵带上他的儿子，还有两个助手，其中一个是克洛森男爵路易，前往蒙蒂塞洛（Monticello）拜访早有名气的托马斯·杰斐逊。他们带着十四匹马，天黑了就找个路边的人家歇脚。尽管这样不请自来会让主人家手忙脚乱，但这在当时倒也常见。招待时好时坏，全靠运气。罗尚博伯爵睡的床榻有时奢华得像游行的华盖，有时又穷酸到要听着老鼠在耳边的叫声入睡。一

①《莫雷伯爵回忆录》，1898年，第56页；第一版，巴黎，1827年，巴尔扎克印刷厂出版。——原注

次，罗尚博伯爵一行来到了一处有廊柱的豪宅，廊柱的平台上雕刻着各种神话场景。这便是一位哲学家的居所。

房主渊博的知识使来访者大为惊叹。克洛森男爵路易是这样描述他的："他在文学、历史、地理等方面都很博学，比任何一个人都精通美国的总体情况及每个州的特色、贸易、农业、土壤、产品等。总而言之，他掌握的都是一些很有用的知识。对战乱开始以来的每一个微不足道的细节，他都了然于胸；各种常见的语言他都说得很地道；他的藏书也都是精挑细选过的。尽管塔尔顿的部队的一支小分队曾'光顾'过这里，把他的家人吓得不轻；尽管藏书损失惨重，但总量依然很大。"

罗尚博伯爵收到了来自国会、各州立法机构、大学、威廉斯堡市长和市民的无数表示热烈感谢的话。市民们感谢将军，不仅是由于他在"军事能力"方面的贡献，他们说："在我们这里住下来以后，您在日常生活中的行为，您和法国军官们平易近人的、礼貌的、友善的交往态度让我们感到幸福。"有些来信特别提到，充满人道主义精神的军队给他们留下了良好的印象。罗得岛州州长、议会和代表们及普罗维登斯种植园召开大会宣布："愿上帝保佑，嘉奖您为人类事业所付出的努力及您对公民权利的特别关注。"

离别之际，马里兰州议会写下了一封信，回忆起不久前在美国盛行的对所有法国人的强烈的偏见，信中写道："在远离故国的军队中保持着最严格的纪律，你们把根深蒂固的偏见转化为尊敬和爱戴……看到这般有纪律，这般受人喜爱，这般杰出的将士们离开，我们很不舍，我们祈祷他们在约克镇取得的荣光将永远被铭记，祈祷他们的军队所向披靡，战无不胜。"

除了法国提供的军事援助，另一个重要结果就是美国人对法国人态度的改变，这在拉吕泽纳写给罗尚博伯爵的信中得到确认："您带领的纪律严明、英勇无比的军队不仅有助于终结英国人在这个国家的成功，还在三年内打破了三个世纪以来根深蒂固的偏见。"[1]

威廉与玛丽学院的校长和教授们给罗尚博伯爵写信的风格，几年后在法国也流行起来了。他们在信里写道："这不是什么花言巧语，而是真实的声音和对共和的真诚。"在感谢了法国人提供军事援助、出钱修复被防不胜防的火灾破坏的建筑后，他们还谈到了美法两国未来的文化交流，并说："美国已经获得了许多实质性的好处，而且肯定会继续从美法之间的联系中获得这些好处。我们相信，加强实用知识的交流将是最重要的。法军中的一些杰出人物给我们带来了最幸福的预言——科学和自由将在美国人的培育下焕发生机。"

他们总结道："法国人已经收获了胜利所能带来的最高荣誉，而获得一个心怀感恩的民族真诚的爱也许不亚于那种荣誉。"

正如信的作者们所说，为了"促进知识的交流"，法国国王

---

[1] 写于1782年10月8日。这封信和一些演讲都收在《罗尚博文集》里。——原注

赠给威廉与玛丽学院"两百卷最伟大、最卓越的法国著作"。然而，拉罗什富科补充道："1796年这些书卷送达时，损毁严重。因为曾经答应把它们运到学院去的里士满商人，却把它们忘在地窖里。这些书籍长期和油桶、糖桶混在一起。"一场大火几乎将这些书籍洗劫一空。幸存下来的两卷被摆在玻璃陈列柜里，在学院图书馆展出。这两卷是巴伊①著作的一部分。巴伊是欧洲著名的天文学家和科学家。让他名垂青史的不是他的《柏拉图论亚特兰蒂斯》（*Traité sur l'Atlantide de Platon*），而是几年后他主持了国民议会，给予王室一个有名的回应："团结一心的民族不会任人摆布。"巴士底狱陷落两天后，他被民众拥戴为巴黎市长，而拉法耶特侯爵则被拥戴为国民警卫队总司令。

出于同样的目的，法国国王又把一批藏书作为礼物送给了宾夕法尼亚大学。尽管许多书已经不知所踪，但这批书比较幸运，在费城，它们中有很多仍在使用中。这些被选中的作品都是名家的著作，比如：布丰（Buffon）、达尔文的先驱拉马克（Lamarck）、茹安维尔（Joinville）、本笃会修士布干维尔，以及巴伊，他们体现了当时法国在科学、外科、历史、航海等领域的巨大优势。

罗尚博伯爵已经开始学习英语，他给自己定的任务就是把收到的信译成英语。在他的文集中就有他亲笔书写的几封译好的信。

---

① 即让·西尔万·巴伊（Jean Sylvain Bailly，1736—1793）。——译者注

克洛森男爵路易被委托向国会提交罗尚博伯爵对其贺信的答复，他每天以超过一百英里的速度赶路，只睡几个小时。他睡的床绝对不会让人睡过头，要么极其不舒适，要么四周蚊虫叮咬，要么有许多小生物。在亚历山大，他偶然遇见了时人赞不绝口的卡斯蒂斯太太。她是华盛顿将军年轻貌美的儿媳。克洛森男爵路易在日记中写道："我早已听闻对她的赞美之词，但我得承认人们并没有夸大其词。这位太太性格那么好，那么讨人喜欢，又受过良好的教育，她总能让每个人都喜欢她。"他把答复文件交给国会，还有些交给了华盛顿，然后以同样的速度返回。因为有两名信使刚刚遇害，所以他找了一个织布工当向导，疯了一样骑马赶路。直到1782年5月11日他到达威廉斯堡，除去必要的停留，他在九天时间里足足跑了九百八十英里。

随着1782年夏天的临近，在弗吉尼亚过冬的法军考虑到将来可能发生的战事，便向北进发。这是克洛森男爵路易访问弗农山庄的一个机会。前年，罗尚博伯爵在赶往约克镇的路上曾和华盛顿在此歇脚。克洛森男爵路易说："这所房子非常大，布局完美，配有精致的家具，保存完好，并不奢华。有两个亭子与它相连，还有一些农舍……右边的凉亭后面是一个巨大的花园，里面种着全国最罕见的果树。"

华盛顿夫人优雅地招待客人。客人中有屈斯蒂纳上校，他在战场上有输有赢，后来在法国大革命中被斩首；还有十来位在附近驻扎的圣东日团（Saintonge regiment）的军官。贝勒加德先生

（Mr. de Bellegarde）比屈斯蒂纳上校来得早些，他带来了自己在法尔斯堡（Phalsbourg）附近的尼德维莱（Niderviller）的工厂里订制的一套瓷器。这套瓷器非常漂亮，样式也最新颖，上面印有华盛顿将军的臂章及他名字的字母组合，名字上方绘有一个月桂花环。[①] 华盛顿夫人对屈斯蒂纳上校的关照感到高兴，并用最优雅的语言表达了她的感激之情。

除了克洛森男爵路易，其他人当天晚上都走了。他再次见到了举世无双的卡斯蒂斯太太，并在日记里画下她的剪影。他写道："我又待了一天，受到这些女士极其友好的招待。与她们交友对我来说是最甜蜜、最愉快的。"最终，他还是恋恋不舍地离开了。

军队和去年夏天一样在夜间行军，在凌晨两点前就要动身。法军军官注意到，比起第一次来的时候，有些地方已经得到了非凡的发展。在威尔明顿（Wilmington），克洛森男爵路易说："自我们第一次经过这里，这里已经建成了大约五十幢又大又漂亮的砖房，这条主街显得十分迷人。"在费城，拉吕泽纳已经准备好了一场盛大的活动。法国诞生了一个王储，拉吕泽纳专门为宴席建了一个美丽的大厅。大厅设计师是一位"在美国工兵

---

① 这套瓷器中的一只大碗保存在华盛顿的国家博物馆（史密森学会）。上面只有字母组合，没有纹章。花环使用的是玫瑰，叶子可能是月桂。——原注

部队服役的法国军官"——朗方少校[①]，他是未来"联邦城"的设计师。

1782年8月14日，华盛顿和罗尚博伯爵在北河附近再次会合。美国军队再次接受法国将军的检阅。美军士兵不再衣衫褴褛，而是装扮整齐、容光焕发。他们的仪态举止和实战演习表现都很出色。罗尚博伯爵在书中写道，"总指挥华盛顿让军乐队露一手，演奏法兰西进行曲"，大家都赞不绝口。

一路往北的罗尚博伯爵，在普罗维登斯逗留期间举办了许多宴会，也参加了许多宴会。塞居尔伯爵为我们描述了其中一幅美国人参加宴会的情景："罗尚博伯爵一直想通过自己的行为细节和做出的重大贡献来证明，他是多么希望能留住美国人的感情，不留下遗憾。他在普罗维登斯时经常举办宴会和舞会，引得方圆十里格[②]的人们都蜂拥而来。"

"我不记得在别的地方见过比这些聚会更欢乐、更有序的聚会，也没见过哪个地方比这里有更多美人和更恩爱的夫妻，更没有见过比这些聚会更优雅、庄重的聚会。所有阶层的人都打成一片，他们之间有着平等的地位，不容许有任何不利的差异。得体、秩序、理性的自由及从摇篮中成熟起来的新共和国的幸

---

① 即皮埃尔·夏尔·朗方（Pierre Charles L'Enfant，1754—1825）。——译者注
② 在陆地上，1里格通常被认为是3英里（1 英里=1609.344 米），即4.828千米。——译者注

福，一直让我惊喜。我经常和沙特吕侯爵谈及这一点。"①

9

1782年秋，大家各奔东西。罗尚博伯爵回到法国②，而法军被派往西印度群岛，因为它现在受到了英国人的威胁。对美国人来说，在北美大陆的战争已经结束，但对我们法国人来说，其他地方的战争还没有结束，特别是叙弗朗在印度群岛参与了著名的海战〔圣基茨海战（Battle of St. Kitts）③〕。由于通信不便，停

---

① 《回忆录、记忆和轶事》，第1卷，第402页。——原注
② 因此，1782年11月18日，舰队总指挥沃德勒伊侯爵从波士顿写信给他说："先生，能有幸在这里见到您，我真的很感动。我很高兴能在布雷斯特和多尔维利耶先生家再次见到您。我赞同你们选择的告别方式，因为这样就避免了悲伤，也避免了你们所有军官陷入与真心尊敬和珍惜的领导人分开而带来的伤感之中。"参见《罗尚博文集》。——原注
③ 圣基茨海战又称"护卫舰湾海战"，发生于美国独立战争期间的1782年1月25日到26日，交战双方分别是英国舰队和实力更加强大的法国舰队。英国舰队的指挥官是塞缪尔·胡德爵士，法国舰队的指挥官是格拉斯伯爵。1782年1月24日，一支由二十二艘战列舰组成的英国舰队正在尼维斯岛附近，与法国一艘配备16门火炮的弹药运输船相遇，并很快将其俘获。25日拂晓，英国舰队发现了法国舰队——由一百一十艘炮舰、二十八艘双层战舰和两艘护卫舰组成。胡德命令英国舰队摆出L形的战斗姿态，准备与法国舰队决一死战。1月26日，格拉斯伯爵对英国舰队发动三次攻击，但都被打退。然而，面对法国舰队的压倒性优势，胡德最终无法阻止法军的登陆行动，不得不撤出战场。英国舰队在圣基茨海战的失败直接造成英军在约克镇投降，大大加快了美国独立战争的进程。——译者注

战协定签订后战火仍要持续很长时间。

法美联军建立了如此广泛的友谊，以至当离别的日子来临时，双方都万般不舍。[①]1782年10月19日是约克镇大捷的周年纪念日。华盛顿为法国军官举行了宴会，并在同一天告别。从此就天各一方。克洛森男爵路易说："那天晚上，我们告别了华盛顿将军和我们认识的其他美国军官。法军将于1782年10月22日启航。我们从华盛顿将军那里收到了所有善意和美好的祝愿。一想到要离开法

---

① 画家约翰·特朗布尔（John Trumbull）的自传中有一段轶事，很好地说明了法国人对这片土地和这里的人民的感情是多么持久。约翰·特朗布尔说，1795年他到达米卢斯（Mulhouse）时，发现这里"挤满了军队"，没有任何住宿设施。他被带到担任指挥的一位老将军面前。这位老将军敏锐地看着他，直截了当地问：
"你是谁，英国人吗？"
"不，将军，我是美国人。"
"啊！你知道康涅狄格州吗？"
"知道，先生。这是我的家乡。"
"那么，你知道善良的特朗布尔总督吗？"
"知道，将军。他是我父亲。"
"哦！我的上帝啊，我很荣幸……可以，可以！"
所有最好的东西都被安置在新来者的住处。这位老将军原来是洛赞部队的一员。约翰·特朗布尔还说："这位老将军让我几乎整晚都睡不着，他向我询问美国的每一个人、每一件事。"他注意到这位老将军用左手签署送来的一些文件。老将军说："是的。去年在比利时，奥地利人几乎把我砍成了碎片。大家以为我死了，但我最终活过来了。我发现自己的右手毁了，就学会了用左手。我可以写字、拿枪，这些都还能勉强应付。"
约翰·特朗布尔说："可是，先生，您为什么不退役呢？"
"退役？"他叫道，"哈！我出生在军营，在军队中度过了一生，并将死在营地或战场上。"约翰·特朗布尔总结道："这是1795年的军事热情的忠实写照。"——原注

军，也许要永远离开，华盛顿将军十分难过，因为他已经感受到了法军里每个人对他的尊敬、崇拜、敬重甚至是依恋。"

依依惜别后，与华盛顿情同手足的罗尚博伯爵带上了美国国会赠送的两门青铜野战炮。野战炮是在约克镇缴获的，上面的铭文装饰是华盛顿亲自监督雕刻上去的。[①]1783年1月初，罗尚博伯爵登上"翡翠"号，启航返回法国。一艘在切萨皮克入口处巡航的英国战舰差点把他抓住。"翡翠"号只有把备用桅杆和部分大炮扔到海里，变得更轻快，才得以逃脱。罗尚博伯爵在登陆时得知，韦尔热纳伯爵从一开始就认为，占领约克镇一定会带来和平，尽管不会立即带来和平。他在给罗尚博伯爵的信中说："所有法国人都向您致敬。您使我们的军队恢复了光彩，您为我们所期待的光荣的和平奠定了基石。"虽然叙弗朗还没有赢得古德鲁（Goudelour）海战的胜利，但时机已经成熟，初步协议于1783年1月20日在凡尔赛签订。

国王、大臣和全国人民都给了罗尚博伯爵应得的欢迎。返回法国后，他第一次觐见国王路易十六时，主要请求便是把自己得到的赏赐分给不幸的格拉斯伯爵。在桑特海峡战役中（Battle of the Saintes），格拉斯伯爵的军队以三十艘战舰迎战敌军三十七艘战舰。他的军队损失了七艘战舰，包括"巴黎城"号，另有

---

① "刻在上面的铭文表现了当时的情景。我觉得要把雕刻制作好很困难。等刻字完工后，我将非常高兴地把大炮交给你。"1782年2月2日，华盛顿写给罗尚博伯爵的信。——原注

四百人阵亡、五百人受伤。他们遭到最强烈的抵抗。所有船损毁严重，有的搁浅，有的沉没，有的被烧毁，没有一艘到达英国海域。格拉斯伯爵也被俘虏，沦为阶下囚。[①]罗尚博伯爵获得了圣灵的蓝丝带，被任命为皮卡第总督（governor of Picardy），几年后荣升法国元帅。在履行新职位之前，他得以两次出访英国，在那里再次遇见时任法国驻伦敦大使的拉吕泽纳。以前的敌人海军上将胡德，现在张开双臂迎接他。但最令他感动的是康沃利斯勋爵的军队的军官们。他写道："他们以最公开的方式表达了他们对法军的感激之情，感谢在英军投降后，法军给予他们人道的待遇。"

罗尚博伯爵和华盛顿惺惺相惜，一直保持着书信来往，还有部分书信尚未公开。华盛顿经常提及他对战友的"友谊和爱"，讨论访问法国的可能性，描述他现在的生活："在乡下工作，并思考着独立战争使我与贵国的许多优秀人物建立起来的友谊。通过他们的帮助，我现在可以安静地坐下来休憩。"乔治·华盛顿怀着无法很快实现的梦想——梦想人类比现在更平和。1785年9月7日，他在弗农山庄给罗尚博伯爵写了一封信，信中说："虽然这与军队职责格格不入，但我希望看到整个世界的和平。"

拉吕泽纳给韦尔热纳伯爵写了一封信："华盛顿将军可能希望隐藏自己，过普通人的生活，但他永远都是美国的第一公

---

① 1788年1月，格拉斯伯爵离世。"美国一些地方的辛辛那提协会都哀悼他。"参见1788年4月2日华盛顿写给罗尚博伯爵的信。——原注

民。"此信写于1789年，法国议会召集会议，也就是法国大革命开始的那一年。众人一致推选前总指挥华盛顿为新共和国的第一任总统。这就验证了拉吕泽纳这一说法的真实性。

华盛顿知道罗尚博伯爵对美国人保持着友好的态度[1]，因此经常为那些出国的人写介绍信寄给罗尚博伯爵。一次是为日后威名远播的古弗尼尔·莫里斯（Gouverneur Morris）；还有一次是为一位当时名声在外但现在已经过气的诗人。华盛顿在与诗人相关的问题上的立场不如在战场上那么坚定，他把这位前去投奔拉法耶特侯爵的旅行者描述为"被有判断力的人视作最伟大的天才"。他还对罗尚博伯爵说："这位诗人写了一首绝妙的诗，赞颂了法国的荣光，也专门提到了阁下。"[2]这位诗人便是哈特福德的乔尔·巴洛[3]。日后，他成为美国驻法国公使，并于1812年向法国皇帝拿破仑呈递文书。而出于一些重要原因，拿破仑只能

---

[1] 托马斯·杰斐逊似乎担心对罗尚博伯爵的怀念会很快消退。1786年2月8日，他写信给詹姆斯·麦迪逊（James Madison）："罗尚博伯爵应该得到比他所得到的更多的关注。为什么不把他的半身像，连同霍雷肖·盖茨、纳瑟内尔·格林、富兰克林的半身像，一同建在你的新国会大厦里呢？"虽然国会大厦没有放置罗尚博伯爵半身像，但1902年在华盛顿的拉法耶特侯爵广场竖起的雕像证明，在这么多年之后，罗尚博伯爵在美国并没有被遗忘。——原注

[2] 此信写于1788年5月28日。——原注

[3] 乔尔·巴洛（Joel Barlow，1754—1812），美国诗人、外交家和政治家，他在政治上支持法国大革命。他担任美国驻阿尔及尔领事。1811年，他担任美国驻法国公使，后死于任上。——译者注

在俄国接见他。途中，乔尔·巴洛死于波兰的一个村庄。[①]

华盛顿提到的这首诗是一首史诗，题为《哥伦布的愿景》（*Vision of Columbus*）。在这首诗中，一个天使出现在这位航海家的传说中的监狱里，以维吉尔[②]的风格向他揭示了美国的未来。华盛顿、韦恩（Wayne）、格林都是这样呈现的，还有"罗尚博伯爵身披闪亮战甲"这样的场景。罗尚博伯爵如果能亲眼看到，一定会笑出声的。

罗尚博伯爵的信是用英语写的，我们可以看到，他晚年以值得称赞的热情把英语学到了如此水平。这位法国将军让美国领导人对法国、英国，乃至整个欧洲的情况了然于心。罗尚博伯爵给予皮特[③]最高的赞扬："一个智者，把英国财政安排得井井有条。"他描述了康沃利斯勋爵在加来（Calais）拜访他的情形："去年夏天我在加来见过康沃利斯勋爵……我请他和一小帮朋友一起吃晚饭。[④]他很有礼貌，但要知道，我和他一起为您的健康干杯是不合适的。"[⑤]

罗尚博伯爵向华盛顿描述了富兰克林离开法国时的情形：当

---

① 在1789年7月31日的一封信中，罗尚博伯爵将乔尔·巴洛的到来告知了华盛顿："凭您如此看重他，我会好好款待他的。"罗尚博伯爵用英语写成此信，见《华盛顿文集》。——原注

② 即普布留斯·维吉留斯·马罗（Publius Vergilius Maro），是奥古斯都时代的古罗马诗人。——译者注

③ 即威廉·皮特（William Pitt，1759—1806）。——译者注

④ 原文法语"en petit comité"是指朋友之间的小聚会。——原注

⑤ 此信写于1786年1月7日，参见《华盛顿文集》。——原注

时他已经很老了，病得很重，深受人们的敬仰，"他有勇气进行如此漫长的航行，最终在祖国的怀抱中逝去。对他来说，回到美国去拜访您是不大可能了。但我告诉他，您肯定会去看望他。我一直听您对他赞不绝口并且十分认可他可敬的品质。再见到您他会非常高兴。如果能见证这一幸事，我也会非常高兴的"①。

在所有书信中，都体现了罗尚博伯爵和华盛顿对彼此和彼此家人的深切关怀及对共同记忆的珍惜。罗尚博伯爵请求华盛顿代他向以前的美国战友们问好："向托马斯·杰斐逊先生、诺克斯先生，以及您身边所有我的老战友和朋友们转达我的问候。"②

罗尚博伯爵夫人有时也拿起笔来写信。在其中一封信里，她请求华盛顿帮助克洛森男爵路易，因为他完全有资格被列入辛辛那提协会名单，却在名单起草时被人遗忘。③这一请求立即得到批准。

---

① 巴黎，1785年6月，参见《华盛顿文集》。——原注
② 此信写于1790年4月11日，罗尚博伯爵在旺多姆附近。——原注
③ 全信如下：
先生：
　　我希望阁下能允许我请求您的公正。我想这只是为了替克洛森男爵路易求情。在美国战争期间，他是罗尚博先生的副官。他渴望成为辛辛那提协会的一员。在法军中服役的比他年轻的军官都被授予了这一象征自由的勋章。阁下亲手颁发的勋章将会更加珍贵。
　　您的才能和美德举世闻名，我对此深深敬重。
罗尚博伯爵夫人
1790年11月18日于巴黎
——原注

著名的微型画画家凡·布伦伯格①画了两幅水粉画：一幅画的是攻占约克镇的堡垒的战役，另一幅画的是英国守军投降。起初，画是献给路易十六的，而现在每一个熟悉凡尔赛宫博物馆的人都知道这两幅画。两幅画的地形精确度是如此之高，以至人们一直认为画家得到了围攻现场的某位法国军官的帮助。罗尚博伯爵给华盛顿写信，聊了关于这些画的事，公开了帮助过这位微型画画家的军官的名字——贝尔捷，一个很有名的名字。"我亲爱的将军，昨天，一位杰出的画家画了两幅画呈献给国王，国王将它们放在书房里。一幅画的是围攻约克镇，另一幅画的是英军向法美联军投降。"

"塞居尔元帅答应给我一份临摹版。我会把它们摆在书房里，就在您画像的两边。其余的画都是年轻的贝尔捷所画的真实场景。在围攻约克镇时，他被任命为军需官。"②

华盛顿表明，他终于为自己的余生争取到了喜欢做的事情——在自己的葡萄树和无花果树的阴凉下歇息。罗尚博伯爵在回信中礼貌而真诚地赞美道，他现在喜欢在"月桂树"下歇息是

---

① 即路易·尼古莱尔·凡·布伦伯格（Louis Nicolael van Blarenberghe，1716—1794）。——译者注

② 我们看到，1785年6月，贝尔捷兄弟两人参加了这次远征。这里暗指的是年幼的塞萨尔–加布里埃尔（César-Gabriel），而不是年长的路易–亚历山大（Louis-Alexandre），路易–亚历山大成为瓦格拉姆亲王（Prince de Wagram）。在保存于罗尚博伯爵文件中的兵役档案中，两人都被描述为专业的制图员。关于年轻的弟弟，曾经的龙骑兵队长，通告上写着："他和他的兄弟都因绘画和制图天赋而闻名。"——原注

哲学意义上的平静，但不是绝对的平静。

在奥地利王位继承战争中，罗尚博伯爵已是一名法军军官；在法国大革命中，他仍然是一名法军军官，只是身份变成了法国元帅和北方军队总指挥，负责保卫边疆。1792年，他最终撤退到罗尚博城堡，在恐怖时期[①]险些丧命。有一个令人震惊又感动的事情要注意：一名囚犯在"可怕的坟墓"——巴黎古监狱（Conciergerie）向"革命法庭公民庭长"求助，并呼唤着华盛顿的名字来保护自己，声称他是自己在美国独立战争中并肩作战的战友。

与在美国战争中的许多战友和其他人相比，如洛赞、屈斯蒂纳、德斯坦、布罗意、狄龙等人，罗尚博伯爵是幸运的，他逃过了断头台，还活到了很大年纪，看着自己声名显赫。他向全世界传授的军事战术甚至比过了吉贝尔伯爵的《战术概论》，比现在法兰西共和国第一执政拿破仑·波拿巴的战术还要高明。1803年，战争大臣引荐罗尚博伯爵时，拿破仑非常尊敬他。他被军官们簇拥着接见罗尚博伯爵时，曾经在克洛斯特坎普和约克镇参战的士兵们走了进来。他说："元帅先生，这些是您的学生。"罗尚博伯爵回答道："他们已经超过老师了。"

1747年，罗尚博伯爵曾因伤差点离世。直到1807年，他在旺多姆的罗尚博城堡里离世，享年八十二岁。他被埋葬在邻近的

---

① 法国大革命期间发生的体制和政治文化的转型。这一时期被称为"第一次恐怖统治"。——译者注

托雷村（Thoré）的一座黑白大理石墓里。这是当时流行的古典风格。风烛残年的伯爵夫人写下了墓志铭，描绘了一幅动人的情景，记录这个在半个多世纪前赢得她芳心的男人："他在家庭和军队中都是令人敬佩的榜样，他思想开明、宽厚、替人着想……对他来说，幸福而光荣的晚年是完美一生的最高奖赏。他曾经的部下都成了他的孩子……他的坟墓在等着我。在下葬之前，我想在上面刻上我对这么多优点和美德的记忆，作为对五十年幸福生活的感谢。"并排的墓碑上刻着："让娜·泰蕾兹·泰勒斯·德阿科斯塔（Jeanne Thérèse Telles d'Acosta）长眠于此。"伯爵夫人于1824年5月19日逝世于罗尚博城堡，享年九十四岁。

在城堡里还可以看到拉图尔（Latour）绘制的伯爵夫人的精美肖像（她在晚年为罗尚博伯爵撰写了铭文）、几张罗尚博伯爵的画像，还有他的先祖维缪尔（Vimeur）的画像（16世纪罗尚博城堡的第一代堡主）、罗尚博伯爵的儿子穿着无敌奥弗涅团的白色制服的画像（他死于莱比锡）。城堡里还有些其他物品：罗尚博伯爵在约克镇时的佩剑、辛辛那提协会的老鹰勋章、圣灵之星勋章、上文中提到过的凡·布伦伯格的水粉画、通信中提到过的华盛顿送给法国朋友的肖像画，还有其他历史文物。但美国国会赠送的两门青铜野战炮已经不在了，它们在革命时期被征用了。在质朴而高贵的、有石板屋顶的城堡的前面，在梯田脚下，卢瓦尔河（Loir）在树林和草地之间流淌着。因为老罗尚博家族的远亲皮埃尔·德·龙萨（Pierre de Ronsard）的缘故，这条河在法国文学中占有很重要的地位。

几年前，我参观了罗尚博城堡和墓地。站在罗尚博伯爵的墓旁，我突然想到，如果有朝一日，弗农山庄的树木能为这位华盛顿和美国事业的朋友的遗骨遮阴，那再好不过了。经罗尚博伯爵家人和托雷市长同意，也感谢弗农山庄协会的女士们的善意，这个想法实现了。华盛顿栽种的树繁育出的六棵树苗从美国运来，栽种在罗尚博伯爵墓碑周围：两棵榆树、两棵枫树、两棵美国紫荆及从华盛顿的墓地移植的六簇常春藤。最新消息表明，它们已经生根发芽了。

也许有人想知道克洛森男爵路易后来怎么样了。和其他军队一起被派往西印度群岛去的时候，他和所有的战友一样，感到非常失望，甚至比其他人更失望，因为美国的美女们并没有让他忘记他的新娘。他在日记本里插入了一页十二位美国美女的素描，上面都写着名字，但他又小心翼翼地在下面写道："心怀邪念者可耻。"在准备上船时，他写道："我几乎不敢说我经历了什么，哪一种情绪占了主导。无论是我对所爱的一切的依恋，还是我的抱负，都增加了我对荣誉的渴望。然而，理智很快就起了主导作用，要为荣誉而战……我要耐心一点，尽我的职责。"

对他来说，离开罗尚博伯爵是痛苦的另一个原因："我与自己可敬的将军分离时所感到的悲痛，我将永远说不清，也说不完。我是军队里损失最多的人……因为我对他所讲的关于战争、游行、阵地选择、围攻的所有内容都很关注。一句话，对与这个职业有关的所有内容，我一直试图从他如此富有教育意义的谈话中获益……我一定是被抛下了。"

因此，生活又在令人讨厌的"破鞋"上开始了。这是一只很大的破鞋，它是"勇敢"号，有七十四门大炮，"最近才镶了一层铜板"。可是，在天气不好的时候，甚至在任何天气里，这都是一个令人伤心的住所。"人们很难想象海有多大，波涛汹涌，颠簸摇摆，让人难以站立。船有时会消失，仿佛被海水吞没了，一会儿又被抛到浪尖上，连龙骨都露出来了。这是多么令人讨厌的东西，我们所有的陆军部队都是多么痛恨它啊！桅杆发出凄惨的响声，船发出嘎吱嘎吱的响声，人突然被抛起来，这是我们完全不习惯的。四十五个军官要互相照顾，这是永久的累赘。四十个军官除了一间屋子，没有其他地方可以避难。晕船的人摆出难受的表情……肮脏、无聊，被关在'破鞋'里的感觉就像被关在监狱里……所有这一切只是陆军军官在船上艰难生活的一部分，但即使是海军军官，日子也不好过……让我们鼓起勇气吧。"①

---

① 写于1782年12月29日。——原注

偶尔也会有小插曲。他们遇到了一艘悬挂着奥地利国旗的贩奴船。那是一幅"令人憎恶的残酷景象"，"一条铁链从船的一头拴到另一头。黑人们两两一组被绑在铁链上，赤裸着身子，如果做出任何让船长不高兴的动作，就会遭到毒打"。船长来自波尔多（Bordeaux），他连喊三遍"国王万岁！"，以此向法军战旗致敬。战舰上的法国军官朝贩奴船船长比画，他也不知道是什么意思。没人知道他们要去哪里。克洛森男爵路易富有哲理地写道："继续航行吧。"

　　舰队在波多黎各库拉索岛靠岸。整个舰队为"勃艮第"号的遇难感到悲痛。在卡贝略港（委内瑞拉），他们稍作停留。而克洛森男爵路易则抓紧时间恢复他的观察，观察当地人，观察野兽，观察犰狳、猴子、凯门鳄，"这里巨大的蜥蜴与法国的完全不同"。"当地房屋一层分成三个房间。'卡拉克公司'（当地人称为'加拉加斯'）剥削和奴役当地人。当地税赋很重。宗教不宽容问题也非常棘手。虽然宗教裁判所的搜查不像欧洲那么严格，卡拉克公司只有一个管理人，但有太多的狂热分子、太多荒谬的迷信。总之，居民中有太多无知的人，他们每讲一个字或每走一步路都要说'圣母玛利亚'，并在胸前画二十遍十字，或者亲吻他们挂在脖子上的项链——上面挂着大量圣物和十字架。为了满足好奇心和求知欲，我进了私人住宅。有位先生为了捉弄我，就跟那几个人说我是新教徒。听到这个消息，真是乱了套了！他们会不断地重复：'马拉科·克里斯蒂安诺（Malacco

Christiano）是个坏基督徒！'"

1783年3月24日，法军收到了一个好消息：法国"安德洛马克"号抵达此地，"它的前桅杆上挂着一面象征和平的大白旗，我们所有的战舰都挂满了旗子"。此地还发生了几起事件，比如几名法国军官被俘虏。当时他们正安静地划着小艇，结果被"阿尔伯马尔"号俘虏。该船上有二十四门炮，由纳尔逊（Nelson）船长指挥。这些绅士对他的评价都很高。纳尔逊船长是拿破仑·波拿巴未来的敌人。一得到讲和的消息，他就把那几名被俘虏的法军军官给放了。

终于等到了回家的时刻。由于在法属西印度群岛的一些地区短暂停留，尤其是法兰西角、圣多明各（如今的海地角），回家的计划被推迟了。"在我们到达威廉王子角（Cape Prince William）的前几天，兰开斯特公爵（Duke of Lancaster）——英国国王的第三个儿子，在那里待了两天，而英国海军中队正在巡游。当地人为他举行了盛大的庆祝活动"，这是因为他们对之前的敌人并没有真正的仇恨。

时不时的几场风暴也推迟了归程。桅杆还是像往常一样"吱吱嘎嘎"地响着。航程中，克洛森男爵路易一直忙着抄录关于南、北美洲的笔记和日记。一位西班牙女士和她的家人被允许登上"勇敢"号。她的长尾小鹦鹉获救一事让航程变得活跃起来。小鹦鹉被什么东西吓坏了，飞走了，掉进了海里。这位女士的黑奴碰巧在旁边，他来不及多想，就跳进水里，再出现时，喊着"加图！加图！"游到了小鹦鹉旁边，把小鹦鹉放在他那毛乎乎的头上，游回船上了。这位女士高兴地允许这名黑人"救生员"吻她的手。这对一个奴隶来说是一种特别的荣誉。女士还赐给他一百法郎的终身养老金。水手们如果事先知道能得到这样的酬谢，他们也会这样做的。

可以看见陆地了。这些法军将士们又看到了当初航行去美国时看到的景象："海岸上挤满了人，遍布果树和其他令人愉快的东西。"一切都令人赏心悦目。这种快乐是普遍的。他们计划在巴黎靠岸。克洛森男爵路易的排场很大，我们在他的日记中读到："我买了一辆好马车，我可以把随从们安顿在马车前面、后面、顶上……包括一个白人和我忠实而出色的黑彼得，还有三只猴子、四只鹦鹉和六只长尾小鹦鹉。去巴黎的一路上，吵吵闹闹的，很难保持干净整洁……第二天是1783年6月22日，我来到圣波勒－德莱昂。这是我去美国前的最后一个住处。我再次见到可敬的克萨比奥一家，我非常高兴。我得过一场要命的病，在康复期间，他们一直悉心照料我。"克洛森男爵路易觉得，最好还是送他们一只小鹦鹉，作为"感谢和友谊"的象征。

在甘冈（Guingamp），克洛森男爵路易找到了其他朋友——杜·德雷奈（Du Dresnays）一家，并于1783年6月30日到达巴黎。他写道："我的随从们五颜六色，而我的脸被晒得黝黑，看上去像个印第安人。因为帽子遮挡的缘故，我的前额还很白。"

罗尚博伯爵一家叫克洛森男爵路易不要住旅馆，和他们住到谢尔什-米迪大街的漂亮房子里。将军（"我慈祥可敬的军父"，他如是说）把他引荐给战争大臣塞居尔元帅，塞居尔元帅很隆重地欢迎这位年轻军官。日记的结尾就像过去小说的结尾一样，作为井然有序的幸福生活的第一部分，它将继续写下去，直到结局圆满。带着成为一名上校的承诺和"一束大臣赠送的花"，他离开巴黎，回到了位于德蓬的家："我见到了我美丽的未婚妻，我亲爱的、圣洁的多丽丝。我远在美国的这四年里，尽管有不少人向她求婚，甚至有家世很好的人，但她还是始终如一地和我携手同心，而我拥有的只不过是前面提到的大臣的承诺和'老实人''好士兵'的名声。"

我只补充一点，大臣（塞居尔元帅）兑现了承诺。在法国大革命初期，作为上校和圣路易骑士，克洛森男爵路易发现自己又成了老长官罗尚博伯爵的副官，负责保卫北方边境。[①]

墨迹褪色了，声音沉寂了。然而，对这番丰功伟绩的记忆犹在，不曾消失。年复一年，反倒历久弥新。在不到一个半世纪的时间里，纽约已经从克林顿爵士时期的一万居民发展到今天的五百多万。费城，曾经的主要城市，被克洛森男爵路易称为"一个巨大的城镇"，现在的房屋数量是当年的十倍。部分原因还是

---

① 一幅石印肖像提到了后来的头衔和荣誉："克洛森男爵路易，陆军元帅、宫廷大臣，法国荣誉勋章和荣誉军队勋章及美国辛辛那提勋章的获得者。"由C. W. 鲍恩（C. W. Bowen）转载，他首先引起了人们对《世纪杂志》（*Century Magazine*）的注意。该杂志出版于1907年2月。克洛森男爵路易于1830年去世，享年七十五岁。——原注

1803年法国主动割让了整个路易斯安那。美国的边界，由从前的上哈得孙河中线，现在已经扩展到了太平洋。华盛顿和罗尚博伯爵时期的三百万美国人变成了今天的一亿。从两国国旗在约克镇的废墟上飘扬开始，世界的平衡就被改变了。

在人类利益不可避免地交织在一起的情况下，也许没有任何一场战争是为了一种思想而义无反顾地发动的。这一事实在和平时期表现得很明显。胜利后，美国提议将加拿大作为法国专属定居点时，法国拒绝了[①]，信守了不接受任何物质利益的承诺。整个法国团结一致，人民喜气洋洋。

"这是正义的事业"，即使是最初反对这种观点的人，没过多久也承认了这一点。正如第二次独立战争显示的那样，尽管往日的仇恨不时地重新燃起，敌对情绪却逐渐消失了。这三个在约克镇会战的国家，这三个祖先曾经历过百年战争的国家，现在已经迎来了百年和平。华盛顿在写给罗尚博伯爵的信中说："我希望看到整个世界的和平。"一个多世纪以来，在约克镇作战的三个国家已经成为朋友。至少在这方面，这位美国伟人的愿望已经实现了。

---

① 某封信给出了这样做的理由："每当法美两国之间出现问题时，信奉基督教的法国国王就会表明，他所能达成的协议是多么可靠，因为他必须严格遵守他与现在的盟友之间已经达成的协议。"1782年4月13日，富兰克林在写给约翰·亚当斯的信中引用了这句话，并说："这句话我很喜欢。"——原注

Chapter II

第 2 章

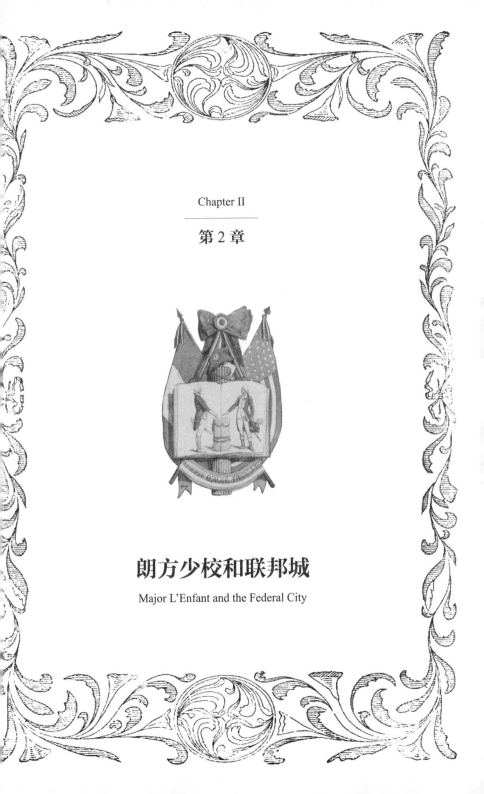

朗方少校和联邦城

Major L'Enfant and the Federal City

1

一个多世纪前，联邦城的国会大厦所在的小山上及其周围还都是树林和灌木丛，周边零星地散落着一些农舍。农舍大多都是木头房子，屋顶低矮，几乎都被浓密的树林遮蔽了。就在不久之前，印第安人还常常聚集在那块高地上，点着火堆。

放眼望去，现存的最好的城市之一，其如画的轮廓映入眼帘。在马里兰和弗吉尼亚延绵的青山的掩映之下，尖塔从林荫大道两旁的绿树中浮现出来。

国会的意愿、以其名字为城市命名的伟人所做的选择，再加上一位法国军官的才华，带来了这些变化。

关于首都选址的辩论和竞争非常激烈。北方和南方的多个城市请求成为首都候选城市：波士顿，打响独立战争第一枪的地方；费城，宣布美国独立的地方；约克镇，独立战争赢得胜利的地方。约克镇作为一个城市来说并不起眼，但它的象征意义让人赞叹。如今的约克镇成了一个偏僻的行政区，很少有人会去那里参观。五十个白人定居的地方将有可能成为新生联邦的首都。纽约和金斯顿（Kingston）、纽波特、威尔明顿、特伦顿、雷丁（Reading）、兰开斯特、安纳波利斯、威廉斯堡等其他城市一样，也都想成为首都。人们担心如此激昂的热情会带来不好的后果，而且托马斯·杰斐逊竟然说出了"必须做出妥协才能拯救联邦"这样的话，如今看起来似乎令人难以置信。

事实上，真的达成了妥协，那就是不选择现有的城市做联邦首都，而是专门建造一个新城市。这种解决方案早就被想出来了，因为1783年10月12日华盛顿在写给沙特吕侯爵的信上说："他们（国会人士）最近决定在特拉华瀑布附近选择一个便利的地点，作为美国主权的永久所在地。"然而，有望成为首都的那些城市依然在争取。

1790年7月16日，国会做出了决定，并委托总统在波托马克（Potomac）河沿岸划定十平方英里，作为"联邦城"即美国政府的永久所在地。

华盛顿一生都是杰出的骑手，对那里的丘陵和山谷都很熟悉，他随即做出了决定。很快，日后联邦城崛起的最初地点就被选定了。在他看来，这个地方是再合适不过的，因为他在信中经常说起这个地方是中心，至于是出于什么原因早已不那么引人注目了。

但应该建一个什么样的城市呢？是供政治家、立法者和法官居住的"住宅区"？还是首先考虑，借助河流提供的便利，将其建成商业中心的可能性？还是两者兼而有之？是考虑现在，还是考虑将来呢？如果考虑将来的话，又该考虑什么样的将来呢？

有一个人，有艺术家的头脑，从某种意义上说，有先知的头脑，对未来的感知就像对眼前事物的感知一样明了，他在一个多世纪以前就预见到了我们现在亲眼所看到的。他是法国军官，曾为独立事业而战，战后留在美国，他就是皮埃尔·夏尔·朗方（Pierre Charles L'Enfant）少校。

对法国和美国档案所做的研究使我得以追溯他的生平，并在已有资料的基础上增加一些细节。

1754年8月2日，朗方出生在巴黎。父亲皮埃尔·朗方是"为国王绘制戈贝兰挂毯的普通画家"，擅长画风景画和战争场景。这位画家的妻子是玛丽·夏洛特·勒利耶（Marie Charlotte Leullier）。1704年，皮埃尔·朗方出生在阿内（Anet）的一个农场里。后来，他把这座农场赠给了自己的孩子们。皮埃尔·朗方是帕罗塞尔（Parrocel）的学生，于1745年被选为院士。他的一些作品在图尔（Tours）展出。他有六幅画保存在凡尔赛宫，代表着法国的多次胜利：1744年，攻下梅宁（Menin）；1744年，攻下弗里堡（Fribourg）；1745，攻下图尔奈（Tournay）；1745年，丰特努瓦战役（battle of Fontenoy）（这是他最喜欢的题材，他画过好几次）；1747年，罗菲尔德战役，我们在前文提到过的，那位注定要成为华盛顿将军的约克镇战友的年轻军官罗尚博伯爵，在此战中第一次负了伤。1787年，这位画家年事已高，于皇家画院去世。

年轻的朗方在艺术的熏陶中长大。后来的事件表明，他接受的教育是建筑和工程方面的。他是美国事业最早的热心支持者之一。1777年，当时二十三岁的他被任命为法国殖民部队的一名中尉，他乘坐博马舍（Beaumarchais）传奇般的"奥尔塔雷兹公

丰特努瓦战役。
皮埃尔·朗方绘。

司”的一艘船前往美国。这家公司的货物包括为“叛乱分子”运送的士兵和弹药。这艘船的名字也是这位戏剧家大脑的产物，就像费加罗（Figaro）的名字一样。据说，费加罗在世界上有很大的影响，而奥尔塔雷兹公司也有不小的影响。这艘船是以法国大臣韦尔热纳伯爵的名字命名的。就是这位韦尔热纳伯爵后来与美国签订了盟约。博马舍认为：“太棒了，这个名字能给货船带来好运。”和往常一样，这次的大批货物包括枪炮和军需品，也包括对奥尔塔雷兹公司所从事的“特殊贸易”同样有用处的人员。塞拉斯·迪恩正在给国会写信：“一些优秀的工程师和骑兵军官很快就会到。”朗方就是其中的一名工程师。他乘坐的船比另一艘船开航早了一个月，并且有另一个适当的名字：“胜利”号。拉法耶特侯爵就是坐这艘船来的。

朗方起初是志愿者，费用自理。在他写给华盛顿的一封未公开的信中，我们读到：“1778年2月，我荣幸地被任命为工兵队长，经国会批准，隶属于监察长……在1778年到1779年冬季之后，看到没有出现针对北方的积极的军事行动，我的所有志向就成了加入南方军队。战争中心可能会转移到南方。”因此，他被派往查尔斯顿，获准加入由劳伦斯中校指挥的轻装步兵。他说：“和劳伦斯中校的友谊给我提供了许多洞察敌人的有利机会。”[1]

---

[1] 1782年2月18日，写于费城。参见《华盛顿文集》，保存在国会图书馆。——原注

然而，当德斯坦和本杰明·林肯率领的法美联军受到惨重打击被击退时，这位年轻的上尉率领着美军一支先锋队，在萨凡纳作战，却没有"占上风"。和德斯坦本人一样，也受了重伤。他设法逃到了查尔斯顿。他说："我一直躺在床上，直到1780年1月。我虚弱的身体不允许我在查尔斯顿的防御工事上工作，当敌人登陆时，我还得拄着拐杖。"①然而，后来他代替一名受伤的少校参加了战斗，并在投降时被俘。1782年1月，罗尚博伯爵通过谈判，用黑森军军官冯·海登（von Heyden）上尉把朗方换回来了。

华盛顿在给朗方的回信中写道："你的热情和积极的作战态度为你带来了极高的荣誉，我非常喜欢你。我毫不怀疑，在你未来的晋升中，国会将会充分考虑这一点的。"②的确，次年，即1783年，通过国会投票，朗方被提拔为工兵少校。

他在防御工事方面的学识，再加上他恪守军规的优点，使他在部队中的作用十分凸显。他在给拉吕泽纳伯爵③的一封信中提到，他最早设计了"美国军队最终采用的纪律和演习制度"〔这不全是施托伊本（Steuben）的功劳〕，这使他很引人注目。他作为一名艺术家的天赋和善于捕捉肖像的特点，使他很受战友们欢

---

① 1782年2月18日，写于费城。参见《华盛顿文集》，保存在国会图书馆。——原注
② 写于1782年3月1日，参见《华盛顿文集》。——原注
③ 驻美国纽约的大使的兄弟，写于1787年12月10日，未发表。参见法国殖民部档案。——原注

迎。在福吉谷的沉闷日子里，他会为战友们画素描肖像。我们知道，他还应拉法耶特侯爵的请求，画了一幅华盛顿像。拉法耶特侯爵本人也想要一幅自己的画像。1778年9月25日，华盛顿将军从弗雷德里克斯堡（Fredericksburg）写信给拉法耶特侯爵："我误解了您，否则在福吉谷的时候我就会让朗方画这幅画了。当您请我坐到朗方先生那里时，我以为只是为了得到我的面部轮廓和一些特征，来印刷头像。"华盛顿将军把朗方的名字拼写成"Lanfang"，这表明了他发音上的偏差。

朗方的一些铅笔肖像画流传了下来，比如在华盛顿的格洛弗家族（Glover family）的肖像画。这些素描画得很好，很逼真。

无论是在战争期间还是战后，每当有任何与艺术有关的需求时，人们理所当然地就会找到朗方，无论是肖像画、宴会厅、大理石宫殿、珠宝、庄严的游行、要修建的堡垒，还是要规划的城市。他多才多艺、思想丰富，是这个新国家的"大总管"，能和他相媲美的人寥寥无几。当法国公使拉吕泽纳伯爵想要安排一场盛大的宴会来庆祝王太子（第一个王太子，只活到八岁）的诞生时，他特意在费城建造了一个大厅。而朗方就是这个大厅的设计者。罗尚博伯爵的助手克洛森男爵路易在日记中写道："1782年8月2日，拉吕泽纳伯爵宴请洛赞公爵的部队。他们是当天早上到达的。专门为王太子出生庆典而建造的礼堂非常大、非常漂亮，简朴与庄严融为一体。没有人能设计出比这更有品位的建筑了。它是在服役于美国工兵部队的法国军官朗方先生的指挥下建造的。"克洛森男爵路易补充道:"我们法国大使馆的参赞巴尔贝-马尔布瓦先生太谦虚了,不愿承认他的建议对这完美的结果有贡献。"

当和平到来的时候,那些曾经和美国人并肩作战的法国军官们回到了家乡,给这个旧大陆带来了富有成效的新思想,特别是关于平等和不合理的阶级差别的思想。自由是从英国学来的;平等思想来自美国。

朗方是回到法国的人之一,但他后来没有留在法国。他离开家已经五年了,他想见见年迈的不久于人世的画家父亲。1783年6月13日,王室晋升令宣布,"考虑到朗方在军队中的贡献和在美国战争中所负的伤",决定授予他三百里弗尔的一小笔补助。同年晚些时候,他乘船前往法国,1783年12月8日到达勒阿弗尔。

1783年5月,辛辛那提协会成立。华盛顿任命朗方为该协会第一任主席,像往常一样,设计协会徽章的事又落到了这位军队艺术家[①]的身上。他专程到巴黎的一家高级珠宝店订购供会员们佩带的老鹰勋章,他本人也有一份。他还帮助组建了该协会的法国分会。刚开始遇到了一些困难,原因是当时法国不允许接受外

①　施托伊本受命于1783年7月1日从西点写信给朗方,向他传达"1783年6月19日辛辛那提协会的一项决议"。他说:"向您转达他们的谢意,感谢您精心设计的图案,那天,这些图案就摆在总统面前。"朗方的信函原稿由华盛顿的詹姆斯·达德利·摩根博士(Doctor James Dudley Morgan)持有。他是迪格斯家族的后裔,而迪格斯是朗方晚年仅有的朋友。我应向他表示感谢,感谢他让我使用这些宝贵的文件。——原注

国的订单。但人们意识到，这笔订单几乎不应被视为"外国订单"。在一封给罗尚博伯爵的未公开的信中，军政大臣塞居尔元帅说："国王陛下要我转达，他允许您接受这一光荣的邀请并成为一名协会成员。他甚至要您以他的名义向华盛顿将军保证，他将永远非常满意地看到一切可能维持和加强法美之间关系的事情。法美联盟带来的成功和荣耀使它更加有意义，它应该永远存在下去。"塞居尔元帅继续写道："至于这个协会本身，由于它要彰显的精神和被选为总统的这位著名将军的才德，它同样是光荣的。"①

朗方兴高采烈地告诉华盛顿，成立协会的想法在法国大受欢迎。辛辛那提协会的第一次会议在坐落于谢尔什-米迪大街的罗尚博伯爵家中举行，讨论法国现役军官的相关事宜；第二次会议则在位于波旁街的拉法耶侯爵家中举行，讨论为美国国会效力的法国军官的相关事宜。大家决定联合起来，推举德斯坦海军上将为总会长。②

朗方先生在任何情形下都有"远见卓识"，这有时候是优点，有时候又是缺点，很多事情都表明了这一点。据了解，他需要支付自己的差旅费用，而辛辛那提协会只负责制作老鹰勋章的费用。正如迪波塔尔证实的那样，在战争期间，朗方把

---

① 此信写于1783年12月18日，参见《罗尚博文集》。——原注
② 阿萨·伯德·加德纳（Asa Bird Gardner）：《法国辛辛那提骑士团》（*The Order of the Cincinnati in France*），1905年，第9页起。——原注

自己微薄的财产慷慨地用在了正义事业上，已所剩无几。然而，他给亚历山大·汉密尔顿写信时说："到达法国后，这里发生的一切都让我觉得不虚此行。在法国我必须风风光光，才配得上我所代表的辛辛那提协会。"他有点挥霍无度："我在宫廷住所的开销远远超出了我最初设想的数额。艺术家们争相为协会服务。"[1]朗方选了最好的艺术家，因而要付相应的高额费用。他后来写过一封信给罗尚博伯爵，表明自己正在想方设法讨好巴黎的迪瓦尔（Duval）和弗朗卡斯泰尔（Francastel），因为他们赊账资助了老鹰勋章的制作；还有一笔约两万两千三百零三里弗尔的大数目欠款有待还清。这些欠款使朗方不得不提前离开法国。1784年4月29日，他返回纽约。经过几次讨论和耽搁之后，辛辛那提协会决定如下："考虑到少校的辛劳，大会决定预支一千五百四十八美元给他，以弥补他为辛辛那提协会订购老鹰徽章时的开支。"[2]

---

① 一本未注明日期的回忆录，有可能写于1787年5月，参见《汉密尔顿文集》，保存于国会图书馆。——原注

② 1786年6月15日，朗方写给罗尚博伯爵的信的附件，参见《罗尚博文集》。然而，到1787年8月1日，弗朗卡斯泰尔还没有拿到钱。因为在那一天，朗方的一个朋友迪普莱西（Duplessis），即迪普莱西骑士，也曾在美军里当过志愿兵，他写信给朗方说："我在这里看到珠宝商弗朗卡斯泰尔先生。他给您赊款用以制作辛辛那提协会勋章，他告诉我您欠他两万英镑。我想数额也差不多，我向他保证您是讲诚信的人。"参见《朗方文集》。——原注

2

　　美国自由了！人们都感觉战争结束了！他们也都希望如此。此时的朗方定居在纽约。在这里，他的建筑师及工程师的才华使他一度大受欢迎。他认为人们的期待只是徒劳一场，而这个国家真正需要的应该是做足全面的准备。拥有大量的财富却毫不设防，会招来贪婪国家的觊觎。在一本尚未出版的回忆录中，他向国会提出了这个问题。如今，当人们再讨论到类似的话题时，他当年的言论依然饶有趣味。

　　他的英语虽不完美，但足以令人信服[①]，他写道："对时局明智，秉持共和精神。我并不是暗示要向其他国家学习，照搬他们免受周围列强侮辱或入侵的方法。这些国家往往互相猜忌，它们被迫不仅要在边境设防，甚至在内地的城镇也需要加强防御工事。美国的情况更为乐观，所以没有必要采取同样的措施。"

　　美国应该采取与之不同的行动，但如果就此不管不顾，那就太过愚蠢了。该怎么做、凭借什么才能够使美国不用害怕同任一欧洲列强决裂呢？答案可以是，成为中立国。中立国能从全球贸易中得到好处，国家的财产和人民会受到所有参战国的尊重。或

_____

① 朗方只是在拼写方面会犯错误。在任何语言中，拼写都不是他的强项。他在法语中犯的错误比在英语中更严重，原因可能是他对此并不在意。——原注

者说，成为一个强大的国家，但美国是没什么指望的。要成为一个中立的国家，就必须时刻为战争做好准备。国家的贸易取决于保卫国家并使人民受到尊重的手段。美国是一个没有海军、没有部队、没有在海港设防的国家，除了灾难，什么都期望不来。它如果没有"发怒的底气和保护自己的能力"，就难以自由地存在，也无法安全地发展。

这显然是值得关注的言论，也值得人们铭记于心。朗方还制定了一套防守计划。理所当然地，他在里面强调了自己所学学科的重要性，也就是工程学的重要性。[1]

不久之后，负责弗吉尼亚州华盛顿雕像乌东[2]来访[3]，带来了一个尤其令朗方振奋的好消息：与乌东合作的院士是戈贝兰画院（Gobelins Manufacture）的一位老画家，也就是朗方的父亲。

朗方给国会秘书写了一封信，当时的国会还在纽约，这封信没有被公开。信里提到了大量关于乌东暂居美国时的细节。联邦国会考虑过订制一座华盛顿骑马的雕像，想知道需要多少费用。这是最为重要的一个问题。乌东完全不懂英语，朗方就代他写了一封信给查尔斯·汤姆森（Charles Thomson）。信中提

---

[1] 此信未出版，日期不明，但可能在1784年。参见《大陆会议文集——信函》，第78卷，第583页，保存于国会图书馆。朗方的雄心是实现自己的计划，"当科希丘什科离开美国时，给我指出一种美好前景：我能够成为这样一个部门的领导"。——原注

[2] 即让-安托万·乌东（Jean-Antoine Houdon, 1741—1828）。——译者注

[3] 关于这次访问，见下文第179页。——原注

到乌东先生"无法回答任何关于华盛顿将军骑马雕像费用的问题"。建造雕像的方式有很多种，国会必须说清楚自己的意向才行。乌东先生的一本著作很快就能解答这些问题，书中把"之前在欧洲建造过的雕像和对应的开销"等细节都列了出来。这本书现在在一艘船上，就快到了。另外，这艘船也将带回富兰克林的"行李"。

国会还计划在摆放雕像的大厅里再放置一座大理石半身像。后来，乌东打算把半身像的模型带回家展示，让每个看见这座伟人雕像的人都像他一样感叹一句："仿佛置身于国会大厅。"

朗方写道："这些半身像，在欧洲需要花费五千里弗尔。但如果需求量大的话，乌东只收一百几尼就够了。"然而，在乌东请求离开时，却发现真人大小的半身雕像可能只适合放在私人的小房间，并不适合放在用于国会开会的大厅。像国会议事厅这种大厅，更大尺寸的半身雕像才合适。

有人问乌东，在巴黎，这样一尊雕像的石膏复制品卖给老百姓是多少钱。考虑到会有相当大的市场，乌东的回答是：四几尼。"他谦逊地坚守着最后一条原则：在跟进大量订单的同时，要能让每位购买的绅士感受到自己买到的雕像不会被复制，是独一无二的。"

乌东急切地想知道华盛顿将军的同胞们会对原件作何感想，也欢迎任何批评。"乌东先生希望有幸呈送给国会审核的雕像能令他们满意，恳请那些可能会有异议的人尽管和他交流。他自己还认为国会会以书面形式给出赞赏，他也会把这些当作满意及善意的佐证。"

当乌东准备出发时，华盛顿的半身像也必须立即移走了。"乌东先生准备第二天早晨登船，他请求当日中午就把将军的半身像从国会大厅搬走。"①

在纽约，朗方最首要的工作就是改造古老的，或者说十分老旧的市政厅。它存在于如今为人们所知的那座市政厅之前，所以被认为是老旧的。这项工作很重要，问题就在于如何更好地容纳国会。在搬离费城时，国会对费城很不满，如今它搬到了纽约。当时，爱国公民已经预付了一大笔钱。然而，由于朗方习惯更"宏大"地看待事物，所以这笔钱其实连开销的一半都不够。纽约人正希望新设计能够成为帮助纽约当选首都的另一个筹码，于是，他们并没有抗议，反而写了一封感谢信郑重地交给他，高度赞扬他的作品："这座大厅不只是展示您杰出才能的丰碑，也象征着公民的慷慨大方。"②至此，正如后来所写的，他是通过"特殊荣誉授权"获得"城市自由"这一项目的。后来他还获赠普罗沃斯特巷附近的十英亩土地，但他婉拒了。③

这座建筑最终以其华贵的外观、精美的装饰和宽敞的内部格

---

① 《大陆会议文集——信函》，第14卷，第677页。——原注
② 此信写于1789年10月13日。——原注
③ 休·T.塔格特（Hugh T.Taggart）：《哥伦比亚历史学会记录》
　（*Records of the Columbia Historical Society*），第11卷。——原注

局赢得了普遍的认可。仅有的反对意见来自反联邦主义者，他们称之为"傻瓜陷阱"。这一说法显然是出于政治目的，而不是针对建筑本身。

朗方是一个有想法的人，他曾试图把翻修后的大厅改造成具有美国特色的建筑，即使不是整体风格的改变，至少也要在许多细节上体现经典。在这座建筑里，美国特色得到了充分体现：参议院议事厅的烟囱是用美国大理石砌成的，"具有明暗交错之美，可与欧洲的任何一种大理石媲美"[1]。壁柱的柱头采用了"一种由建筑师亲自设计的新奇样式……在浮雕叶子之中露出一颗星星，发出光芒，下方的帷幔则悬挂着一个圆形小徽章，上面写着'美国'。构思独特新颖，令人赏心悦目。虽然不是古代的设计，但恢宏的气势丝毫不减"[2]。建筑外部的中楣也被划分成许多个板块，十三颗星星恰如其分地点缀其中。而那只常被人提起的、爪子里握着十三支箭的白头雕，本是建筑入口上方三角墙上的主要装饰，但很不巧，直到1789年3月4日，国会在欢呼声中依照新通过的宪法首次举行会议时，白头雕还没有准备好。1789年4月22日，《塞勒姆水星报》（*Salem Mercury*）刊登了一条消息："联邦国会大厦前的那只白头雕被展示出来了。这座建筑的

---

① 托马斯·E.V.史密斯（Thomas E. V. Smith）：《1789年的纽约城》（*The City of New York in 1789*），第46页，引自当代的杂志。——原注
② 出处同上。——原注

正面总体来看确实十分庄严。"[1]1789年4月30日，也就是美国第一任总统宣誓就职的日子，这个标志最终在联邦大厅见证了重要的历史事件，出现在了它理应出现的位置。

人们纷纷前来一睹这当时号称全国最美的建筑。华盛顿夫人的到访最为触动人心、令人倍感荣幸——她是华盛顿将军、现任总统的妻子。1789年6月，汉弗莱斯上校（Colonel Humphreys）和李尔先生（Mr. Lear）同朗方一起安排她视察联邦大厅。[2]

这座昂贵而又受人景仰的不朽之作后来命运多舛，竟然还没有设计者本人活的时间长。当国会一致商定离开纽约回到费城之后，联邦大厅又变回了市政厅，并于1812年被拆除。建筑本身在一次拍卖会中以四百二十五美元的价格卖出，随后消失在历史的长河中。那些爱好古老纪念品的人无不扼腕叹息，叹惋由美国大理石砌成的烟囱、紧握着十三只箭的白头雕及美国史上第一个真正意义上的首都，还有那富有创新又气势恢宏的建筑风格。

这座建筑留下了唯一的纪念品，那就是华盛顿宣誓时倚靠的那道栏杆的中间部分——一截有着精美装饰的锻铁。现在，它和许多其他有趣的旧纽约文物一起保存在纽约历史社会博物馆

---

① C.M.鲍恩（C. M. Bowen）：《乔治·华盛顿就职一百周年庆典》（*The Centennial Celebration of the Inauguration of George Washington*），1892年，第15—16页。——原注
② "李尔先生很荣幸地通知朗方少校，华盛顿夫人打算今晚六点到联邦大楼去看看。——1789年6月13日，星期六早上。"参见《朗方文集》。——原注

一楼。在同一房间里，还有几件描绘了联邦大厅当年景观的作品。其中一件是罗伯逊于1798年创作的水彩画；另一件雕刻作品，展示了大厅里面的每一个细节，正如题词上写的："'联邦大厅，国会旧址'——1790年，纽黑文，A.杜利特尔印刷销售——A.杜利特尔雕、彼得·拉库尔画。"

在第一任总统的就职典礼前夕，朗方需要协助策划一场宏大的、有艺术品位的、有历史意义的，尤其具有政治意义的一场属于联邦主义者的游行。联邦政府希望以此影响舆论，并获得纽约政府的选票。这个现今备受尊崇的主题在当时却受到了激烈的批评。一些著名的爱国者，如帕特里克·亨利（Patrick Henry），在其中发现了一些早已平息的保皇党的痕迹，他强烈谴责这种专制手段。纽约因此摇摆不定，并于1788年6月在波基普西（Poughkeepsie）召开大会，它有可能会投反对票，所以联邦政府需要借助一场游行来改变舆情。

游行定于1788年7月23日星期一举行，场面很大。此次游行动用了礼炮、号兵、林务员、扮成克里斯托弗·哥伦布的骑马人、农夫、园丁、身着全套军装的辛辛那提协会成员、大大小小的啤酒制造商及"一个穿着紧身肉色丝绸、手握银酒杯、坐在酒桶上代表着酒神巴克斯的漂亮的八岁小男孩"，还有屠夫、制革工人，都围在圣克里斯平之子（Sons of Saint Crispin）的巡游车旁。皮匠们展示了一名"尽管在七月最热的时候，也穿着满是皮

联邦大厅。
A. 罗伯逊（A. Robertson，1765—1835）绘。

毛的土著服装"的印第安人。①

最令人惊叹的还是由造船工人们展示的那艘华丽的、装在轮子上的"汉密尔顿"号，它是一艘完美的护卫舰，有三十二门大炮。所有船员向它前进的方向敬礼。糖果商们围着一块巨大的"联邦蛋糕"走来。紧随法官和律师之后的是约翰·劳伦斯（John Lawrence）、约翰·科金（John Cozine）及罗伯特·特鲁普（Robert Troup），他们展示着优雅地写在羊皮纸上的新宪法。在他们之后的是十名学生，依次展示十个州的批准文件。②锡矿工人们展示着"用十根柱子搭建起来的联邦锡库"，上面写着一句格言：

> 当再有三根柱子建起时，
> 我们的联邦将震惊全世界。

这是一句锡矿工人为锡库而作的诗句。接着走过来的是学者、外科医生、物理学家、神职人员、哥伦比亚大学的董事和大学生。他们之中还有以词典编纂者身份而闻名的诺亚·韦伯斯特（Noah Webster），此外，他也是一名教授和记者，现在广为

① 玛莎·J. 兰姆（Martha J. Lamb）：《纽约市的历史》（History of the City of New York），1881年，第2卷，第321页。——原注
② 有十个州已经投票通过了宪法，从而确定了宪法的颁布。因为国会已经决定，九个州通过宪法就足够了。众所周知，最后只剩下两个反对的州：北卡罗来纳州和罗得岛州。——原注

世人称赞。但在冲突频发的时期，只有支持联邦的那些人赞赏他。托马斯·杰斐逊轻蔑地写道："一个不足为道的教师，见解十分有限，并且存在很严重的偏见"，而他在这么评价诺亚·韦伯斯特的同时，也流露出了些许自己对他人的偏见。[①]

根据《纽约新闻报》（*New York Journal*）和《每周摘要》（*Weekly Register*）的报道，[②]在游行队伍的兴致到达顶点时，一场盛大的宴会开始举办，烤全牛被用来"盛情款待"客人们。《纽约新闻报》把这场宴会称为"乡村节日游行"，"总统和国会议员们就坐在由朗方设计的穹顶之下。穹顶上面有一尊雕像，吹着新时代的号角，拿着一幅卷轴，象征着战争的三个伟大阶段：宣布独立、美法结盟、赢得和平"[③]。

这场游行属实令人钦佩。然而，我们从《帝国地名辞典》（*Imperial Gazetteer*）按顺序打印的注释中读到："对于这优雅的设计、场馆的选择和餐桌的摆放，如果委员会忽略了对朗方的致谢，那么他们对朗方的热情和功绩就太无动于衷了。"[④]

总的来说，这次游行还是非常成功的。另一份报纸又评论道："因为它大大提高了公信力。值得关注的是，在此次游行中，尽管总人数多达六七千人（据推测，包括观众在内），但没

---

① 1801年8月12日，写给詹姆斯·麦迪逊的信。——原注
② 1788年7月24日。——原注
③ 玛莎·J. 兰姆，出处同上。——原注
④ 1788年7月26日。——原注

有发生任何骚乱，甚至一丝无礼的行为都没有。当天下午五点半以后人群就散了。"①

　　游行结束三天后，投票在波基普西进行。如果这种带有中世纪特色的盛会对舆论有任何影响的话，它的组织者一定会感到自豪，因为在五十七人的大会上，宪法实际上仅以两票的优势通过。

3

　　在第一任总统于纽约联邦大厅宣誓就职的同一年，朗方少校迎来了他人生中的大机遇。这是他应得的，因为他不仅抓住了机遇，甚至还放弃了他在纽约的住所，主动追求机遇。他后来写道："我当下所处的位置足以成就我的任何抱负。"这就是联邦城的建立。

　　法国人都有一个普遍的观点：他们帮助过的那些"叛乱分子"所建立起来的自由国度，也将会"成为一个伟大的国家"。法国大革命期间，曾在英国避难的塔列朗，决定离开英国，前往美国。他在回忆录中写道："我渴望见证这个伟大国家的历史的起点。"莫罗将军（General Moreau）也是避难者，几年后，他满怀信心地谈到了这个国家的未来："我曾设想过生活在自由政府统治下的种种好处，但我只是部分地想象这种幸

---

① 《纽约新闻报》，1788年7月24日。——原注

福；而在这里，我却能充分地享受到这种幸福……在这样的政府的统治下生活过的人是不可能允许自己被征服的。如果不为保卫自己的国家而战斗到最后一刻，他们就是大懦夫。"①

以朗方的远见卓识，他不会无动于衷。他听说联邦城既不是纽约，也不是费城，也不是其他任何现存的城市，而是要立刻"另起炉灶"，在那一刻，他写信给华盛顿。这封信之所以了不起，是因为他对这个国家所面临的机遇了然于胸，他不止着眼于自己所处时代的三百万美国人口，而是着眼于百倍于当时的人口，着眼于千千万万未来的美国人民。

这封信寄自纽约，日期是1789年9月11日。他写道："先生，国会最近决心为即将成为我们伟大国度的首都的这座城市奠基。对任何被任命来设计这座城市的人来说，这都是一个扬名立万的绝佳机会。本人有抱负有愿望成为一名有用的公民，所以我希望能参与这座城市的设计。对此，阁下也不会感到惊讶吧。

"也许，之前没有一个国家曾有机会决定自己的首都应该建在哪一个固定的地点……虽然当前的国力还不足以去追求设计，但很明显的是，该计划的规模应该留有余地。因为在任何时候，无论多遥远，国家总会有财力去扩大和完善。从这个角度来

---

① 1806年11月17日致其兄弟。参见《两个世界的评论》（*Revue des Deux Mondes*），费城，1908年11月15日，第421页。——原注

看的话，我已经设想好了城市规划的范围。"①

华盛顿知道，朗方的脾气确实很"不好对付"，他傲慢、清高、难以驾驭，但他又诚实、真诚、忠诚、有思想，而且才华横溢。华盛顿决定把这项艰巨的任务托付给他。没过多久，事实就验证了华盛顿的选择很明智："自从我第一次了解到这位先生在专业领域的能力之后，我不仅把他看作一个科学家，还把他看作一个为专业知识增添了许多情趣的人。而且就他现在从事的工作而言，他比我所知的这个国家里的任何一个人都更有资格胜任这项工作。"②总统通知朗方可以立即开始工作了。于是，朗方激励自己，从南方旅行回来的时候，至少要能展示出一个总体计划。1791年3月2日，华盛顿向乔治城的狄更斯上校宣布朗方的到来："一位著名的来自法国的军事工程师开始前往乔治城考察和勘测联邦城的选址。"几天后，《乔治城周报》（*Georgetown Weekly Ledger*）如期记录了"朗方少校的到来"。③

朗方热情高涨，想做得又快又好。几天后他到达了乔治城，发现那里要么浓雾迷漫，要么阴雨绵绵，可他实在是等不及了。1791年3月11日，他写信给托马斯·杰斐逊说："如果

---

① 原文的部分内容被多次印刷。原文保存在国会图书馆，选自《杂项——个人文件类》（*Miscellaneous—Personal*）。这封信的余部分论述了加强海岸防御的必要性。——原注
② 1791年11月20日，写给大卫·斯图尔特的信。——原注
③ W.B.布赖恩（W. B. Bryan）：《国家首都史》（*History of the National Capital*），1914年，第127页。——原注

到下个星期一天气还是这个样子，我没有别的办法，就只能骑马跑跑，画出一个尽可能精确的草图。我昨天就是这么做的，冒雨骑马，大致有了总体印象。我透过浓雾看到的一些地方，都很美，很难抉择。"[1]

当看到该选址的更多优点时，他的钦佩之情溢于言表。他在给亚历山大·汉密尔顿的一封未发表的信中说："现在，您可能已经听说我终于要为这个城市勾勒蓝图了。这个选址有多么得天独厚，我竟找不到合适的语言来描述。毫无疑问，我坚信这项事业会成功。我想说，在美国，没有任何地方比波托马克河东部和乔治城之间的地域更有发展潜力，我又担心有人指责我不够公正。"[2]

几个星期后，1791年5月的一天，他在此地荣幸地接待了一位画家兄弟特朗布尔。这位画家刚从约克镇回来，在那里画了一幅关于康沃利斯勋爵投降的巨幅画作。后来，特朗布尔在自传中写道："然后，我到了乔治城。在那里，我看到朗方正在绘制华盛顿市的规划图。我与他一起策马驰骋在将会有联邦城崛起的土地上。现在国会大厦所在的地方，在当时是一片茂密的树林。"

同一年，又来了一位重要的来访者，他是一位法国大臣，拉法耶特侯爵和朗方本人以前的战友——让·德·泰尔南（Jean de Ternant）。他在弗农山庄待了三天，回来后，他向政府报告了他

---

[1] 参见《哥伦比亚历史学会记录》，第2卷，第151页。——原注
[2] 写于1791年4月8日。参见《汉密尔顿文集》，第11卷。——原注

所观察到的情况："离开乔治城之前，我一定要到未来的联邦城看看。无论从哪个角度看，我都觉得这个选址非常有趣。这个法国工程师已经描绘出街道，现在正忙着规划进一步的细节……美国总统对这个以他名字命名的新萨伦特（Salente）表现出了极大的兴趣。"[①]

朗方认为，按照"设定的规模"[②]，这座城市会是壮观、美丽的，很快就会人声鼎沸，"整个乔治城本身（这个名字不久后就不再使用了）将会变成新兴联邦城的一部分"[③]。新的联邦城很快就会挤满居民，而联邦将会进一步巩固。"我真诚地希望东部各州都有人来联邦城定居。移居联邦城与移居美国西部的前景一样美好。这样也会淡化标志着南方和东方对立的那条界线。因为在远处看物体时，我们对其形成的想法往往会误导我们……而在远处被我们当成怪物的东西，如果离近点来看，就会觉得很迷人……因此，就产生了一种国家与国家之间的、民族与民族之间的，甚至是个人之间的自然的、毫无根据的偏见。人与人之间往

---

① F.J.特纳（F. J. Turner）编辑，1791年9月30日、10月24日《法国大臣信札》（*Correspondence of the French Ministers*），1904年，第62页。"萨伦特"，费奈隆（Fenelon）长篇小说《忒勒马科斯历险记》（*Telemaque*）中的理想之城。独立战争期间，让·德·泰尔南骑士曾在美国陆军中担任志愿军官。他当时在查尔斯顿的福吉谷，在纳瑟内尔·格林的指挥下参加了南方的战役，并通过国会投票被提升为上校。——原注
② 1791年3月11日，写给托马斯·杰斐逊的一封信。——原注
③ 1791年4月8日，写给亚历山大·汉密尔顿的一封信。——原注

往缺乏足够的了解，因而不信任彼此。"[1]

这座城市一定很美，因为它充分利用了丘陵的优势，形成了壮丽迷人的自然景观。这里有水，可以设计美丽的喷泉或瀑布：在国会山脚下，"五个大喷泉会不断喷水——形成一个巨大的喷泉瀑布"[2]，等等，这些都是规划的一部分。然而，不幸的是，这些设计被搁置了。有人提过一个简单的长方形平面计划："一组规规矩矩的房屋，排成方块，形成平行规整的街道。"朗方说："这也许挺好的。在开阔的平原上，景色很单调，道路怎么规划都无所谓。"但事实是，未来的联邦城与之截然不同。这样的常规设计，无论在纸面上有多可行，最后都会变得枯燥乏味，"只有在大自然的鬼斧神工和千变万化的基础上，冷静的想象力和对真正意义上的壮观和美丽的渴望才能融合"[3]。我们也许可以想象一下，如果在我们的时代，铲土机在这座城市里忙碌，把小山都挖倒，把峡谷都填平，把这里弄得一马平川，会给人什么感觉？

不过，城市的意义还不止于此。除了美观、繁荣、开阔之外，它还应该充满情感、充满联想、充满思想；里面的一切都必须能引起人的共鸣，有意义，有存在的理由。1791年上半年，很少有人的大脑比朗方的更忙碌：测绘土地、绘制区域地图、勾画

---

① 出处同上。——原注
② 朗方对规划的解释，附在规划上。——原注
③ 1791年3月26日第一次提交给总统的报告。——原注

未来城市主要建筑的模型。^①他提交了三份报告给华盛顿。第一份在3月底之前提交，只提供了他的大概思路；第二份在6月提交；最后一份在8月提交。后两份都附有计划。最后一份报告提交之后，就正式开工了。

布局的合理性、街道的宽度、设计精妙的美丽风景、为花园和公园预留的土地数量、水域景观，使这一规划成了独一无二的里程碑。如今我们所称的"国会大厦"和"白宫"，当时被称为"联邦政府大楼和总统府邸"。在这附近修建的其他部门的建筑，都是经过深思熟虑的。"正如我可能会说的那样，由于担心被人认为我先入为主，我耗费了大量精力来寻找合适的选址，但实在找不出一个比詹金斯高地（Jenkins heights）西端更适合修建国会大厦的地方，那里就像是一个基座，等待着纪念碑的树立……也许，将国会大厦建在其他地方耗费的人工会少一些，但有了艺术化的设计，建在此处的国会大厦会最为壮观。"现在，美国国会大厦就耸立在这个合适的基座上。

至于总统府邸，朗方说，他的设计是为了"把居所的便利、乡间的舒适感与宫殿的富丽堂皇相结合"。现在的白宫就融合了这三大特质。他选择了乔治·华盛顿本人认为便利的地

---

① 他也被寄予了厚望。1791年9月30日，让·德·泰尔南写道："朗方先生会为国会提出的决策指引方向。"参见布赖恩引用的文献：《国家首都史》，1914年，第165页。朗方实际上为国会大厦、总统府邸、桥梁、市场等画过设计图，他后来抱怨委员们不公正地挪用了这些设计。《哥伦比亚历史学会记录》第2卷，第140页。——原注

点。该地点离国会大厦的确有一定距离，但这也不是问题。朗方认为："按照旧式传统礼仪，无论是接收总统的指令，还是上报消息给总统，都应该遵循一定的礼数。如果总统的府邸和国会相邻，那么委员们坐在马车上等待总统无疑就是合情合理的了。"反正都是要坐马车，坐时间长点短点无关紧要。

乔治·华盛顿总统同意保留这段距离，但出发点不同，他显然在为长远考虑。他曾在给亚历山大·怀特（Alexander White）的信中写道："就我个人来说，总统和其他官员的府邸建在哪里、怎么建不是什么大事。不过……各部门的秘书必须与总统进行日常交流。如果总统府邸和国会大厦之间距离太远，会给他们带来极大的不便；但太接近国会大厦也不是很好，他们普遍会抱怨，当立法机关开会的时候，他们几乎什么事都干不成。议员们在办公时间的个别访问和索取文件的要求都打断了他们的工作。他们中许多人对我说过，为了处理事务，他们常常不得不回家办公。"[①]在这方面，马车坐与不坐，距离或远或近，都各有其优点。

朗方在信函和规划当中的标注都表明，未来城市的一切设计都是独具匠心的：为了展示城市的活力和美丽，将会设置不断流动的喷泉和瀑布；从国会大厦通向总统府邸的大道两旁的宏伟建筑，将使国会大厦和总统府邸愈发壮观。他写道："这条连接着

----

① 此信写于1798年3月25日。——原注

总统府邸和国会大厦的宽阔大道将会是最宏伟、最便捷的。"这里将有许多漂亮的纪念场所。其中一个很有特色的神殿，会用来举办带有一些宗教特色的国家庆典，"比如公共祈祷、感恩节活动、葬礼、演说等。它不属于任何特定的教会或教派，而是对所有人都平等地开放"。"这个有感恩之心的国家"以后将专门宣布这里是伟大先辈的纪念堂。一块纪念碑将被竖立起来，"以庆祝海军的第一次崛起；一座纪念堂也将被修建，以彰显海军的进步和成就"。组成联邦的每个州都将修建一个广场。"为了让这些先辈被永远纪念，每个广场的中心都会设有雕像、纪念柱、方尖碑或其他类似的构筑物。先辈们的谋略和军事成就使这个国家获得了独立和自由，他们的功绩使他们值得成为榜样，邀请年轻的后辈踏上被整个国家颂扬的圣人或英雄的道路。"朗方认为，这是巩固联邦的一种途径，也是赋予华盛顿这座城市教育价值的一种方式，因此他极其看重这一点。

在这些体现爱国情怀的一系列设计当中，最有分量的是华盛顿的骑马雕像。该雕像安放在华盛顿纪念碑选址地以北，它的提案于1783年在大陆会议上投票通过。朗方肯定希望由他著名的同胞、雕刻家乌东来完成雕像。我们曾看到他在1785年代表乌东给国会写信，询问大概的费用。

当然，城市规划也充分考虑了远景和视野："关键位置的主要道路的走向兼顾了景观和便捷性。"但最重要的是，朗方坚持他的要求，无论如何，他的宏伟规划也不能打折扣，要与未来时代的美国的伟大相称。该规划"必须给子孙后代留下一种伟大的爱国理念。正是这种理念推动了美国的发展"①。他预见到自己的一些想法会遭人反对，但他恳求总统站在他这一边，以防他的规划缩水。"我仍然相信，你们会认为，有尊严地执行一项如此重大、值得一个伟大的国度关注的任务是至关重要的……其他国家都盯着这项任务的进展，等着品头论足，因为这些国家都在嫉妒它们没有得到这样的机会。"②

依着朗方的脾气秉性和做事的热情，他的每一个主张都有理有据，要让他接受别人的建议并改变想法几乎是不可能的。托马斯·杰斐逊反对"把房子建在离街道有一定距离的地方……这样的规划单调得令人厌恶。费城就是因此而遭到所有人的指责"。而在同样的记录中，更值得赞扬的是，这位华盛顿的国务卿预见了摩天大楼及其危险性："在巴黎，建筑物的高度是受限的。这种做法很好，压低了土地的价格；房屋建得不高又很方便；街道明亮又通风；万一起火，容易控制。"③芝加哥、巴尔的摩和旧金山的火灾都证明了这一点。

至于总统本人，他在一些问题上有明确实际的想法，比如国会的位置和国家总统的住所之间距离的远近；以及更重要的，为

---

① 朗方对规划的解释，附在规划上。——原注
② 第三次报告的结论。——原注
③ 《对首都的看法》（1790年11月29日），选自福特主编的《文集》，第5卷，第253页。——原注

未来首都的建设必须预留的大块土地。[①]在其他方面，由于习惯于信任内行人，他似乎把一切都交给了朗方。华盛顿向朗方提了一些建议，其中一些来自托马斯·杰斐逊。他允许朗方可以采纳也可以不采纳。朗方本人似乎倾向于不采纳："先生，虽然我认为您看了附上的文件也不会得到任何实质性的好处，但由于这些文件是在不同的情况下由不同的人起草的，您可以将它们和您自己对联邦城的合理规划进行比较……托马斯·杰斐逊先生画的草图是基于这样一种想法，即卡洛尔斯堡（Carrollsburgh）地区的土地拥有者不会提出值得考虑的建议，因为他们是落后的。因此这幅草图与乔治城相一致。"[②]

对朗方规划的批评是微不足道的，而对他的赞赏则是普遍的。华盛顿说："他的工作得到了极大的赞赏，他有许多事情要处理、要通盘考虑，不仅是在设计图纸上，而且要使设计与地面的实际情况相符合。"[③]托马斯·杰斐逊很有品位，不再坚持自

---

① 这与朗方始终如一的做事"宏大"的愿望完全吻合。华盛顿在写给他的信中说："虽然它可能不会立即派上用场，但务必保留一大片土地。在我看来，要分出来的土地在洛克溪、波托马克河和东水道之间。东水道向上延伸到埃文斯的河道拐弯处，包括詹金斯高地的平坡，再延伸到从乔治城到布莱登斯堡的那条路，然后一直向东，延伸到该条路与东水道的交汇处，处在乔治城城区的外围。然后，根据地面的情况，在恰当的方向上，延伸到洛克溪的浅滩甚至更远。"1791年4月4日，写于弗农山庄，参见华盛顿的手稿《信札》（Letter Book），第11卷，保存于国会图书馆。——原注
② 出处同上。——原注
③ 1791年12月18日，写给专员的一封信。——原注

己以前的建议。不久之后，作为一件令美国感到自豪的事情，他将规划的副本寄给时任法国公使的古弗尼尔·莫里斯，让他在多个城市展出。"我经由伦敦给您寄去了十几份联邦城的规划图，希望您能把它们展示给公众看，给那些值得被它们吸引的人看。巴黎、里昂、鲁昂，还有勒阿弗尔、南特、波尔多和马赛等海港城市，这些城市都是合适展示的地方。"①

朗方有三个助手：安德鲁·埃利科特（Andrew Ellicot）和本杰明·埃利科特（Benjamin Ellicot）兄弟；另一个是艾萨克·罗伯杜（Isaac Roberdeau），他是朗方少校最可靠的助手。该地区还有三位专员：分别是马里兰州的托马斯·约翰逊（Thomas Johnson）、丹尼尔·卡罗尔（Daniel Carroll）及弗吉尼亚州的大卫·斯图尔特（David Stuart）。1791年9月9日，他们通知朗方，城市和特区的名称已经选定："我们已经同意，联邦特区将被称为'哥伦比亚特区'，联邦城将被称为'华盛顿市'。因此，地图的标题将是《哥伦比亚特区华盛顿市地图》。"

为了以最低实际支出征用土地，一种巧妙的制度被采用。这种制度同样也适用于其他地方。华盛顿在给托马斯·杰斐逊的信中写道："我代表国家与乔治城和卡洛尔斯堡的土地拥有者签订的条款是，双方都认同从洛克溪沿河一直到东水道的所有土地都收归国有。条件是，当整个地区都被规划入城市的一部

---

① 1793年3月12日，写于费城。——原注

分时，也就是朗方现在所要做的，当前的土地所有者可保留所有的地块。对于那些可能被用作公共用途的部分土地，允许以每英亩二十五英镑的估价收归国有。国家有权保留土地上出于美观而有必要保留的部分林木。土地所有者拥有所有土地的使用权和收益权，直到这些地块被划入城市。根据这项协议，这些地块都成了公共财产。任何可能被用作街道或小巷的土地都不允许私人使用。"总统相信，对此，每个人都会默认并表示支持，"哪怕是固执的伯恩斯先生（Mr. Burns）"[①]。

然而，人们后来发现，除了伯恩斯先生，还有其他固执的人，其中以朗方为首。他从一开始就表现出对土地投机者的极度恐惧，很快就和他们斗起来了。他在给亚历山大·汉密尔顿的信中大胆地写道："我也说不清我在多大程度上促成了阴谋的终结。此外，我并不十分在意您周围的人们是否会感谢我。"[②]三位专员都有自己的想法，但朗方从来不考虑他们或他们的想法。除了华盛顿，朗方谁都不认。华盛顿起初温和，后来坚决，再后来严厉，但始终无法使朗方明白"他是专员的下属"。朗方和专员之间的这种怨气从一开始就产生了，即使总统尽力周旋，也无法平息。出于对投机者的防范，朗方希望推迟土地征用，而专员们则希望尽快开始。因此，朗方一直对土地征用计划守口如瓶，不让买主知道。华盛顿惊呼："那么，他们会不

① 此信写于1791年3月31日。——原注
② 写于1791年4月8日。参见《汉密尔顿文集》，第11卷。——原注

会像老话说的那样，被诱导去购买一头装在袋子里的猪呢？[①]"[②]

朗方少校不愿妥协，他举了一个很早期的例子，说明他对现在所谓的"信任"有一种无法克服的恐惧。他坚持拒绝向任何个人或团体表明他的计划。他在给总统的一份报告中事先宣布了他的观点及如何推迟征用土地，直到整个计划印刷出来、传遍全国，同时向所有人公布："在城市布局的总体规划公布之前，在交易的具体环节被整个大陆知晓之前，目前的征用不能称为是完全公平公正的，肯定是少数人的投机行为……第一次低价拍卖的结果，可能作为先例给以后的拍卖带来不利影响。"他害怕"一些有预谋的人的阴谋"，害怕他们"组成一个有组织的团体来攫取大部分土地并控制整个局面"。[③]

达丁顿的丹尼尔·卡罗尔是当地的大地主之一，是一名专员的亲戚，当他不顾所有人的警告，决定继续在将来的新泽西大道的对面建房时，事情陷入了危机。华盛顿试图安抚朗方，因为他发起脾气来，什么都不管不顾。他在信中写道："下不为例（丹尼尔·卡罗尔的房子是在联邦城尚未确定选址之前动工的），在目前的情况下，哪怕让步一点，也不会有人再效仿了。退一步海阔天空，大事化小总归是上策。"

即使是在自己崇拜的领袖的要求下，朗方也是寸步不

---

① 意指冲动购买。——译者注
② 1791年11月20日，写给大卫·斯图尔特的一封信。——原注
③ 1791年8月19日，给总统的报告。——原注

让。1791年11月22日，他在没有得到专员们的授权的情况下，就派自己忠实的助手艾萨克·罗伯杜去把房子夷为平地。房子才拆了一半，艾萨克·罗伯杜就被专员们抓起来了。于是，朗方亲自带着一些人手过来，看着把房子全部拆完。朗方自己也险些被抓起来。华盛顿在给托马斯·杰斐逊的信中写道："得让他继续干下去，否则，在我看来，这将会变成一个严重的损失。"这时，华盛顿向朗方提出严正抗议："我必须严格命令你，今后未经对方同意或未受专员命令，不许碰任何人的财产。"接着，他用柔和的语气补充道："你眼里只有自己规划的美感和规整，但你不能为了实现它，就要求所有人或事都做出让步。"[①]

可事实就是如此，朗方的确是这么想的。对他来说，这座城市是他的城市，是他的孩子。作为父亲，他有权利按照喜欢的方式去抚养自己的孩子。抗议持续了一段时间。托马斯·杰斐逊前来给华盛顿总统解围。他采用了最直接的方式——邀请朗方共进晚餐，以便能静下心来讨论关于联邦城的事。他们吃饭的时间和我们通常吃饭的时间不同。"托马斯·杰斐逊先是表达了自己对朗方的赞美，并为屡屡让他'吃闭门羹'表达了歉意，同时表示，自己希望和他就联邦城这个主题有一些交流。他邀请朗方次日下午三点半来和他单独吃一顿饭，也许这样能有时间和机会来谈谈正事。——1792年1月7日星期六。"[②]然而，这次见

---

① 此信写于1791年12月2日。——原注
② 参见《朗方文集》。——原注

面也没什么结果。1791年12月，另一个地主诺特利·扬（Notley Young）正在盖房子。"出乎意料的是，房子刚好盖在了一条规划好的主要街道上"。华盛顿在给委员们的信中写道，"但我希望朗方少校这次不会再动手拆除"。

这一次朗方也绝不让步。因此，1792年3月6日，托马斯·杰斐逊写信给委员们说："从合法和正确的上下级关系来考量，雇用朗方是不可行的，已经通知他被解聘了。"

除了那两个地主，该地区的其他地主立即写了一封给朗方的安慰信，表示他们舍不得他离开，希望他能回来，并且称赞了他的工作："我们很清楚，几个月来，您的时间和全部精力都倾注在这座城市的规划上。这反映了您卓越的品位和判断力。"[1]

4

朗方生命中的高光时刻结束了。他名气很大，并且在一段时间里，每当要设计重要的作品时，人们都会向他发出邀请。但以"宏大"眼光看待事物的倾向、执拗的性格、日益增长的对投机者近乎病态的恐惧使他不止一次搞砸了自己的事业。

几乎在结束华盛顿市规划工作的同时，朗方被邀请为美国第一个制造业城市——新泽西州的帕特森（Paterson）——做总体

---

[1]　1792年3月9日。《哥伦比亚历史学会记录》第2卷，第137页。——原注

规划。这是新泽西州现存的最重要的城市之一。"据说朗方在帕特森新城表现出色"，华盛顿写道，他对朗方仍保留着一种友好的感情。[①]亚历山大·汉密尔顿作为活动的策划人，在他的影响下，"创立实用制造业协会"成立了。这个协会的主要的目的是把一个只有十栋房子的地方改造成一个城市，并利用帕塞伊克河瀑布使之成为一个工业城市。国会图书馆里保存着几封朗方写给亚历山大·汉密尔顿的信。信中叙述了忠诚的艾萨克·罗伯杜给予自己的帮助，以及他与各种各样的人交往时遇到的日益增加的困难。辛劳了一年，朗方再次接到通知，他被解聘了。

同年及接下来的一年，朗方在特拉华州的米夫林堡担任工程师，并担任费城一座豪宅的建筑师。这是美国最富丽堂皇的豪宅，是革命时期的金融家、美国最富有的人罗伯特·莫里斯（Robert Morris）找朗方来设计的。[②]如果有做"大"事的机会的话，这算是一个。然而，朗方所做的事甚至比金融家梦见过的还要"大"。经过反复考虑和改进，柱子和外墙使用大理石，这延长了工期，增加了成本。朗方在帕特森的忙碌也是最初另一个造成雇主不满的原因。罗伯特·莫里斯从费城给朗方写信，恳求道："亲爱的先生，因为担心缺钱，我差点停下了我家房子的建造。现在钱不是问题了，却要因为朗方先生您事务繁忙而

① 1792年11月30日，写给委员们的信。——原注
② 罗伯特·莫里斯买过一整条街，四周被栗子街、胡桃街、第七大道和第八大道环绕。——原注

停滞。"①屋顶终于完工了，我们可以从保存在费城图书馆里的伯奇老先生②绘制的素描看出，整栋建筑很美、很壮观。罗伯特·莫里斯遇到了大麻烦，不得不停工。朗方也几乎把积蓄都搭进去了，即使有剩余，也寥寥无几。③

当朗方因为被委托负责规划联邦城而欣喜时，他从未谈论过报酬问题，也没有为自己的规划申请版权。当他被解雇的时候，华盛顿曾给委员们写信道："据我所知，联邦城的规划得到了普遍认同。而朗方越来越不满，他认为，对他的规划而言，少于两千五百美元到三千美元的报酬是不合适的。作为补偿，给他五百几尼和城里好地段的一块地，怎么样？"

提议已经落实，但朗方拒绝了，并且没有给出任何理由。等待他的是越来越多的沮丧时刻，不幸和失望成倍增加。他非常重视规划书副本的销售，但由于没有申请版权，所以他没有从销售中获得任何版税。他反对这一点，反对带有严重"执行错误"的印刷方式，反对剥夺他的署名权——"剥夺了我作为设计者的名誉"。与华盛顿最初所担心的相反，尽管可能出于怨恨和不满，他有理由与许多不赞成这项巨大而艰难的任务的人站到同一

---

① 此信写于1793年5月9日。参见《朗方文集》。——原注

② 即威廉·伯奇（William Birch，1755—1834）。——译者注

③ 似乎是朗方在试图帮助罗伯特·莫里斯，而不是罗伯特·莫里斯帮助朗方。出于不满，他很显然从未给朗方支付费用。罗伯特·莫里斯写道："但他无私地借给我十三股银行股票。我感到最焦虑的是，他本应该得到相同数量的股票股息，他对股息的损失感到非常痛苦。"大约写于1800年。W.B.布赖恩：《国家首都史》，1914年，第181页。——原注

边，但他仍然忠于对联邦城的规划。并且"他的人生没有蒙上污点，没有任何行为或言语表明他背叛过自己的天才创造。他卑微贫穷，被荣耀过后的失望煎熬着"①。

贫穷确实找上门来了，也很快进到了朗方的家里。他被自己的过错困扰。有些过错是真实的，有些过错或多或少是虚构的。他给国会寄去了一本又一本回忆录，回忆他的贡献、他的赤贫：由于法国大革命，"他在欧洲的家产被毁得很彻底"，他"从安逸满足的状态变成了最痛苦无助的人"；尽管依靠"借面包"过活，但他不会怀疑"国会的宽宏大量和公正"。②

实际上，朗方家族的经济状况已经衰退到了低谷，而他本人缺乏理财意识，更使其雪上加霜。从几封法国亲戚的来信中就可以很清楚地看出他不善理财。信中提到他在极度贫困的情况下，却忘记领取法国政府给他的养老金，而这养老金即使在大革命时期也一直在发放。他还从老画家，即他父亲那里继承了诺曼底的一个小农场，但他没有采取任何措施，因此农场的收入一直被别人霸占着。③

其中的一封信告知了他母亲的死讯。他的母亲是"带着天使

---

① S.C.布西（S. C. Busey）：《华盛顿市过去的照片》（*Pictures of the City of Washington in the Past*），1898年，第108页。——原注
② 1801年、1802年、1813年的回忆录，参见《杰斐逊文集》，保存于国会图书馆。——原注
③ 1805年9月15日，巴黎的表兄德图什的来信，夸大了他母亲的贫穷状况，正如下面提到的这封信所述。参见《朗方文集》。——原注

般的虔诚离世的"。这封信也透露出美国朋友对朗方少校的评价已经传到了法国："我见过的所有认识你的人都向我保证你在公众中备受尊敬。在法国这样一个把品行、美德和正直看得和祖先一样重要的国度，您能做到这样也值了。"[1]

多年之后，国会进行了两次投票，给了朗方两笔微薄的款项，但都立即被债主截留了。1812年，他被任命为美国军事学院军事工程技术学教授。当时的国务卿詹姆斯·门罗（James Monroe）恳请他赴任，但朗方还是拒绝了。1814年9月，他在华盛顿堡工作。五十名拿着铁锹和斧头的人供他差遣。

在生命的后十一年里，他徘徊在国会大厦的大厅里；在"他的城市"新标记的大街上踱步；看着城市的发展，为任何与他最初设计相背离的地方感到惋惜。就像华盛顿早已注意到的那样，他"太过于固执己见，以至于他认为如果对规划进行了任何更改或变动，都是在破坏"[2]。朗方还拜访了早期的移民朋友。"W. W. 科科伦先生（William Wilson Corcoran）最近在华盛顿市去世，他活了一大把岁数，很有威望……对朗方的容貌有着非常深刻的印象。朗方是W. W. 科科伦先生父亲家中的常客。W. W. 科科伦先生告诉我，朗方高大挺拔，足有六英

---

[1] 1806年5月5日，朗方收到来自表姐妹罗兰（娘家姓马莱）夫人从巴黎写来的信。她丈夫在海军中职位不高。母亲的家具和银盘价值一千五百里弗尔。信中提到了朗方的已故姐姐和勒克莱尔先生结婚的事。参见《朗方文集》。——原注

[2] 致大卫·斯图尔特的信，1791年11月20日。——原注

尺高，身材匀称，高鼻梁，有军人的风度，优雅高贵、彬彬有礼。他通常裹着一件长大衣，戴一顶礼帽——这样的人在任何集会上都能引人注目。"①

朗方还一直是迪格斯家的常客。1825年，他在迪格斯家位于华盛顿市附近的住宅中离世，被安葬在家里的一棵树下。"个人财物"清单显示，他的财产包括三块手表、三只罗盘、一些书籍、地图和测量仪器，总价值为四十六美元。

1798年，在给当时在英国的莎拉·费尔法克斯（Sarah Fairfax）夫人的信中，华盛顿写道："联邦城如果保持团结，一个世纪后，它将成为一个伟大而美丽的城市。当然，这样做是符合它的政策和利益的。"确实，这花了许多年，并且在很长一段时间里，怀疑者尽可以怀疑，嘲讽者尽可以嘲讽。1797年，拉罗什富科–利昂古尔公爵访问了这个初生的城市。他发现这里有一百五十栋房子，散落在各处；在这一年，总统的府邸才准备封顶；国会大厦唯一的翼楼得次年才封顶，两者都是"用白色石头精心打造的漂亮建筑"。但在他看来，这个计划的宏大和美丽正是其无可弥补的缺点。他写道："这个计划，设计得很好、很巧妙、很宏伟，但正是它的宏伟、它的辉煌，使它只能是一个梦。"从总统府邸到国会大厦的这段距离是被华盛顿由衷认可的，但在参观者看来，这段距离是一个严重的缺陷。要把这两座建筑物连接起来，需要建造五百

① 休·T. 塔格特：《哥伦比亚历史学会记录》，第11卷，第216页。——原注

所房子，而现在一所房子也没有。"如果不弥补这个缺陷，在冬天进行交流是不切实际的，因为我们很难想象美国政府会承担这么长一段无人居住的土地的人行道和路灯的费用。"①不过，我们还是看到了这一"奇观"。

在这座城市诞生以来的一半以上的时间里，它一直都是嘲笑者尽情嘲讽的对象。很少有城市像华盛顿市一样被冠以大量绰号，如"荒野之城""相距千里之城""乡村纪念碑"。1851年，一位杰出科学家的儿子让-雅克·安培（Jean-Jacques Ampère）访问过华盛顿市，他在报道中将该城市描述为"没有房屋的街道和没有街道的房屋"。他从这座城的命运中看到了"人不能随意创造城市的真理"，但和某些其他"真理"一样，这个"真理"被证明并非真理。

的确，发展是缓慢的，但也是稳定的。当19世纪结束时，华盛顿的预言和朗方的远见被证明是正确的。一个城市已经崛起，它富足而美丽。对一个富裕而强大的国家来说，它是一个合适的、独一无二的首都。正如华盛顿的继任者之一罗斯福②先生所说："在我们的时代，你可以切下某座城市的一块并将其移植到另一座城市中，而没人能觉察到发生了什么。但华盛顿市不是这样的。"

---

① 《美国游记》（*Voyage en Amérique*），第6卷，122页。——原注
② 即富兰克林·德拉诺·罗斯福（Franklin Delano Roosevelt, 1882—1945）。——译者注

朗方的时代终于来了。他对"他的城市"的期待成真了，连他从来没有想到的也成真了。1902年1月，由丹尼尔·H.伯纳姆（Daniel H. Burnham）、查尔斯·F.麦金（Charles F. McKim）、圣高登斯和F.L.奥尔姆斯特德（F. L. Olmsted）组成的"园区委员会"和参议院委员会提交了关于改善和发展华盛顿市的报告。报告的结论是："华盛顿市的最初规划经过了一个世纪的考验，得到了普遍的认可。对这一规划的偏离令人遗憾，我们要尽可能补救。"因此，尽管付出了沉重的代价，他们还是决心在条件允许的情况下还原朗方的一些想法，特别是那些他认为最重要的却被搁置了许久的想法。赋予国会大厦和白宫之间的"大通道"应有的特征，使其"最宏伟、最方便"。现在要将这两个特点体现出来。

至于朗方，国会投票决定再一次拨款给他，并确保这次的拨款不会被债主截留，还决定将他的骨灰从只有一棵树做标记的墓地转移到阿灵顿国家公墓，将他和那些曾并肩作战、为共和国流血献身的阵亡将士们安葬在一起。他的骨灰被带到了曾经的"詹金斯山"，被安置在国会大厦的巨大穹顶之下。出席该仪式的有国家元首塔夫脱[①]总统、国会、最高法院、辛辛那提协会和其他爱国团体及艺术团体的代表及广大群众。1909年4月28日，美国副总统詹姆斯·谢尔曼（James Sherman）和当地首席

---

① 即威廉·霍华德·塔夫脱（William Howard Taft, 1857—1930）。——译者注

专员亨利·B.麦克法兰（Henry B. McFarland）发表了演说。亨利·B.麦克法兰通过友好而富有说服力的讲话，充分弥补了他的前任与朗方之间长期存在且被遗忘的龃龉。作为总结，副总统礼貌地说："朗方先生，现在轮到您了……我希望美法两国之间已经存在了一个多世纪的友谊，会随着时间的推移而巩固。我们将在未来携起手来，推进由上天托付给我们的每一项美好事业。"蓝、白、红三色的棺椁由法国海军官员和陆军官员及朗方生前所属的一个工兵团护送着驶往阿灵顿。

两年后，E.C.摩根小姐为一座宏伟的纪念碑揭幕。她是威廉·迪格斯（William Digges）的曾外孙女，迪格斯在朗方晚年和他成了朋友。塔夫脱总统和国务卿伊莱休·鲁特（Elihu Root）发表了主要讲话[1]。伊莱休·鲁特先生说："很少有人要等上一百年才被人铭记。我们来到这里，不是因为朗方做出了让步，而是我们改变了，我们开始能够欣赏他的作品了。我们对他的赞扬应该是继续完成他的作品。"这座纪念碑是W.W.博斯沃思（W. W. Bosworth）的作品，他和朗方一样在巴黎接受过艺术教育。纪念碑的形状是一张桌子，上面雕刻着这位法国军人艺术家对华盛顿市最初规划的摹本。从纪念碑所在的山坡上，可以看到在河的另一边不断发展的联邦首都华盛顿市，这个城市的名字让人心生敬意。1782年，法国军官沙特吕侯爵在访问康涅

---

① 该讲话发表于1911年5月22日。——原注

狄格州另一个和华盛顿市同名，但更早建立的城镇时写道："这是一个令人尊敬的名字，人们对这个名字的记忆无疑会比对这座城市的记忆更长久。"

特伦顿战役中的华盛顿。

爱德华·拉姆森·亨利（Edward Lamson Henry，1841—1919）绘。

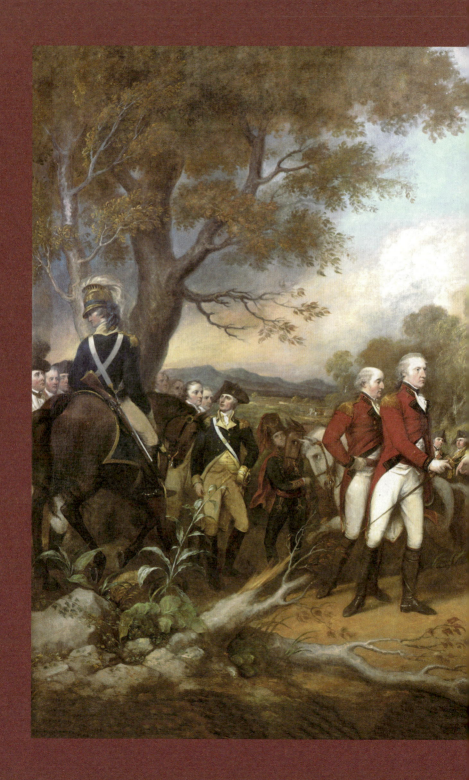

法美联军取得萨拉托加大捷，英军指挥官伯戈因向霍雷肖·盖茨投降，霍雷肖·盖茨拒绝接受他的剑，反而将他视为绅士，并邀请他进入自己的帐篷。约翰·特朗布尔绘。

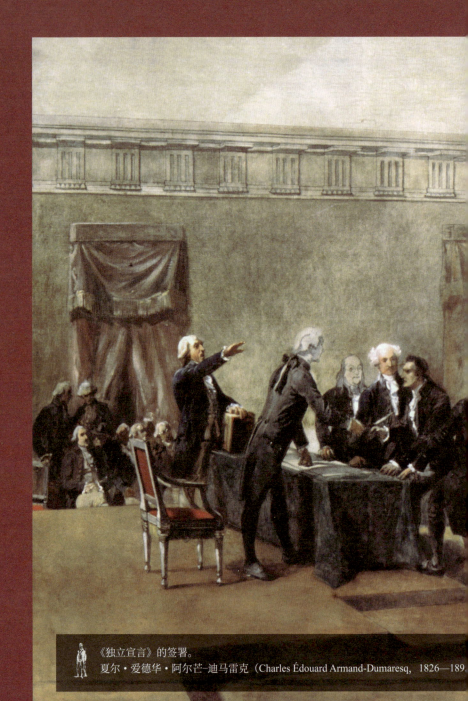

《独立宣言》的签署。
夏尔·爱德华·阿尔芒-迪马雷克（Charles Édouard Armand-Dumaresq, 1826—189

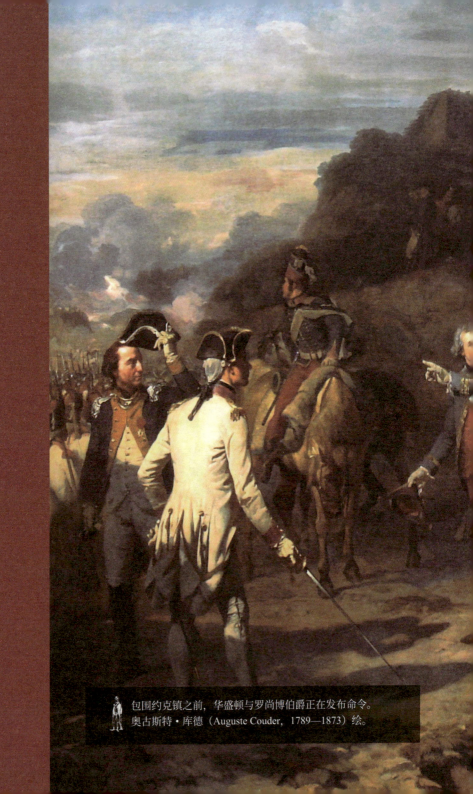

包围约克镇之前，华盛顿与罗尚博伯爵正在发布命令。
奥古斯特·库德（Auguste Couder, 1789—1873）绘。

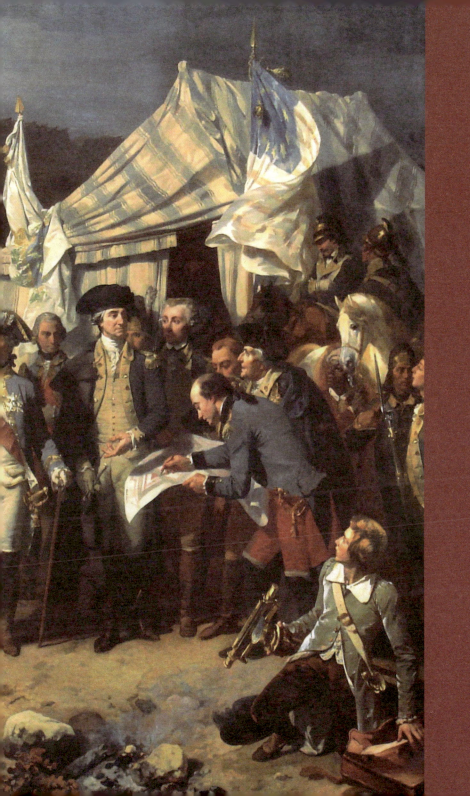

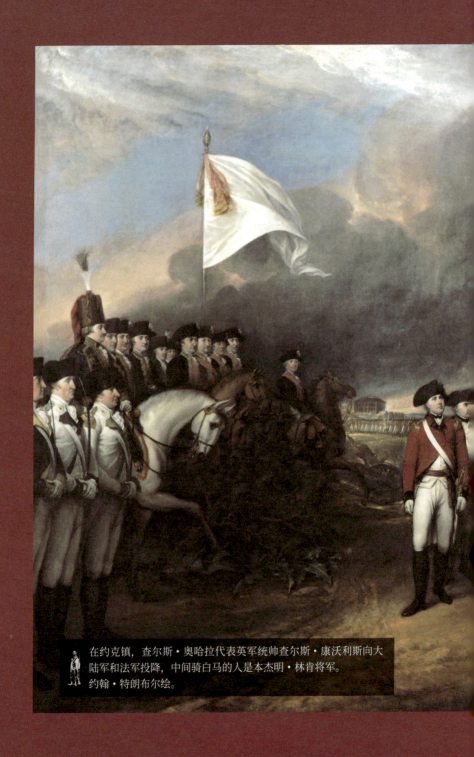

在约克镇，查尔斯·奥哈拉代表英军统帅查尔斯·康沃利斯向大陆军和法军投降，中间骑白马的人是本杰明·林肯将军。约翰·特朗布尔绘。

考彭斯战役。
19 世纪版画，绘者信息不详。

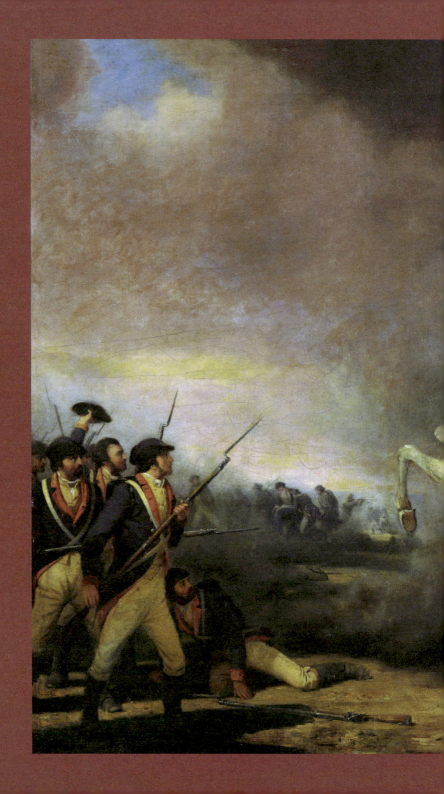

华盛顿率军参加普林斯顿战役。
威廉·兰尼（William Ranney，1813—1857）绘。

华盛顿与拉法耶特侯爵在福吉谷。
阿隆佐·查佩尔绘。

 圣基茨海战。
尼古拉斯·波科克（Nicholas Pocock，1740—1821）绘。

桑特海峡战役。
托马斯·惠特科姆（Thomas Whitcombe, 1763—1824）绘。

1800 年的国会大厦。
威廉·伯奇绘。

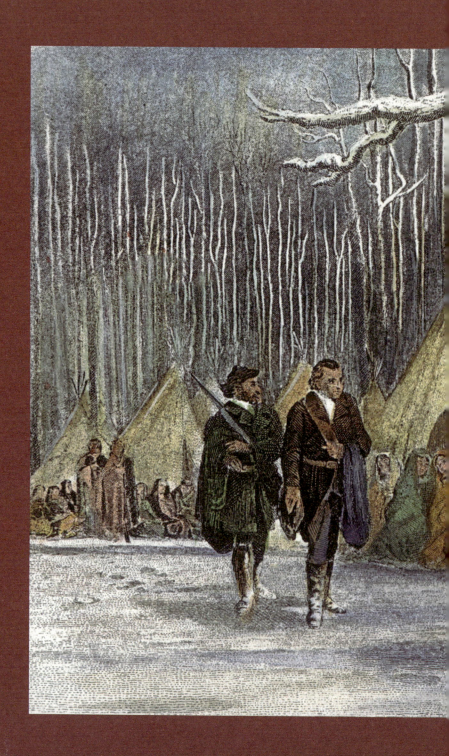

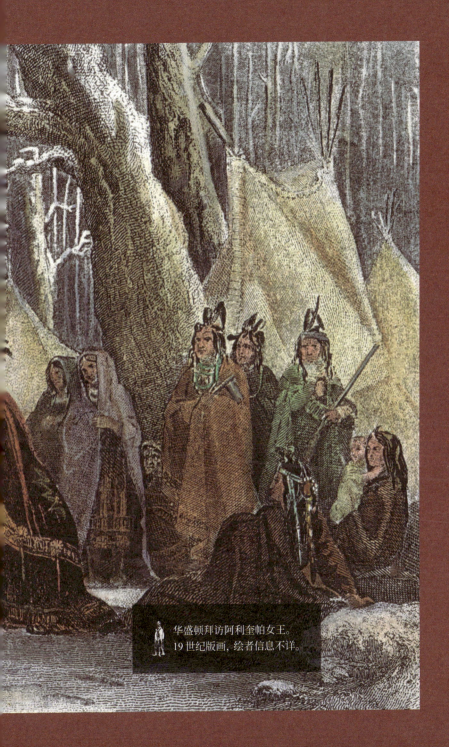

华盛顿拜访阿利奎帕女王。
19世纪版画，绘者信息不详。

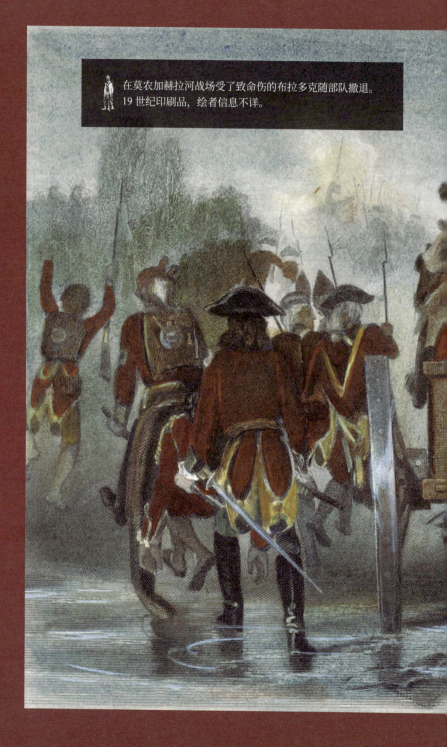

在莫农加赫拉河战场受了致命伤的布拉多克随部队撤退。
19 世纪印刷品，绘者信息不详。

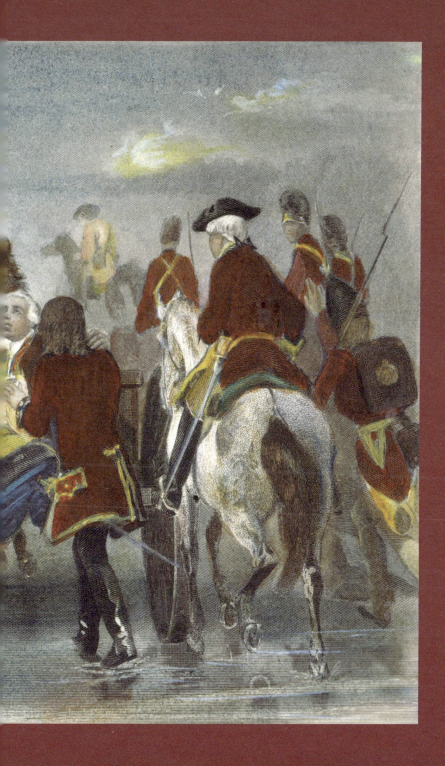

1784 年，拉法耶特侯爵与华盛顿在弗农山庄。
路易·雷米·米格诺（Louis Rémy Mignot, 1831—1870）绘。

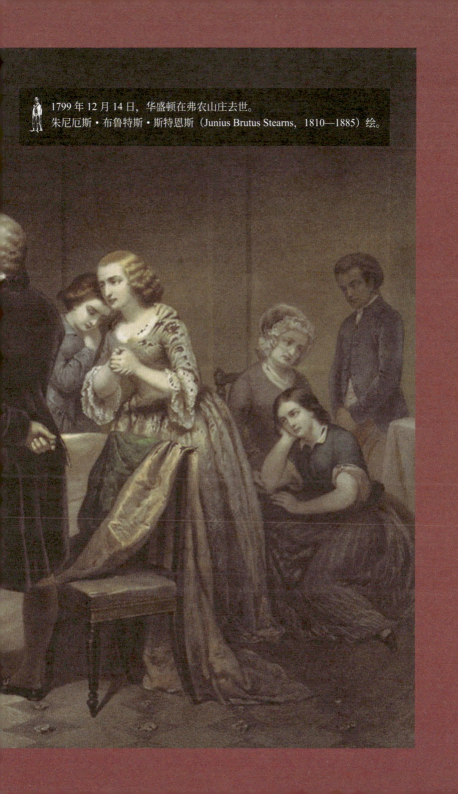

1799 年 12 月 14 日，华盛顿在弗农山庄去世。
朱尼厄斯·布鲁特斯·斯特恩斯（Junius Brutus Stearns，1810—1885）绘。

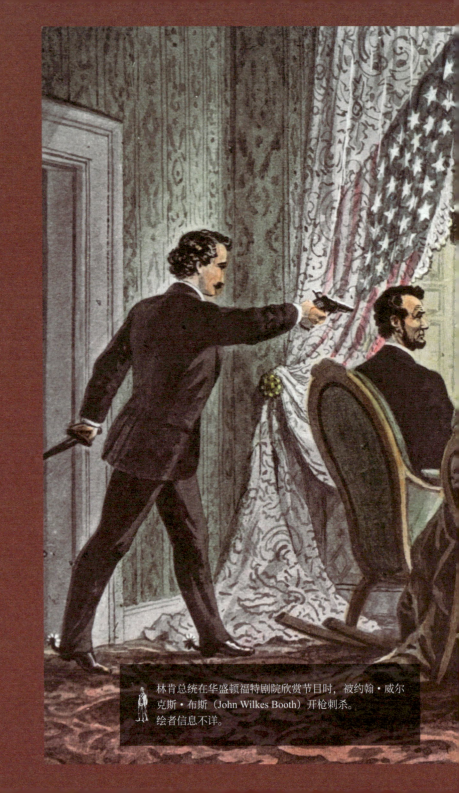

林肯总统在华盛顿福特剧院欣赏节目时，被约翰·威尔克斯·布斯（John Wilkes Booth）开枪刺杀。绘者信息不详。

1789 年 4 月 30 日，华盛顿在联邦大厅参加总统就职典礼。
阿莫斯·杜利特尔（Amos Doolittle，1754—1832）绘。

Chapter III

第 3 章

华盛顿与法国人

Washington and the French

1

　　华盛顿对法国的了解从很早便开始了，并且了解的途径很多样化。法国胡格诺派（Huguenot）信徒马耶斯（Maryes）曾在弗雷德里克斯堡开办了一所学校，但没有教华盛顿法语。[①]我们发现，华盛顿曾用他那一双年轻人的巧手认真地抄写过著名的"相处与交谈中的礼仪和得体行为准则"，而最近有人证实了这些准则是用法语写的。不论这段由法国人传授的法语学习经历是被刻在了华盛顿的脑海中还是碰巧与他的天性相符，又或者说二者兼而有之，值得肯定的是他将那些数量庞大的行为准则做到了最好。举例来说，反对戏谑和辱骂他人，或一些教导年轻人的建议，如"不要阿谀奉承""在被责备时不要表现出愤怒，而要用亲切、温和的方式""娱乐是符合人性的，而不是罪恶的"。他也得到了最重要的一条建议："努力让你心中那被称为良知的圣火永不熄灭。"这是华盛顿信奉一生的箴言。

　　华盛顿了解法国的另一个途径则是通过阅读，不过，他对

---

① 华盛顿一生都觉得自己的早期教育是不完整的。大卫·汉弗莱斯（David Humphreys）强烈建议华盛顿写一篇文章来记述他参加过的重大事件。他回答说，由于太忙并且"意识到教育的缺陷"，他不愿意写。1785年7月25日。当拉法耶特侯爵恳请华盛顿有一天能去法国时，华盛顿回答说："记住，我的好朋友，我不懂你的语言，我年纪太大了，学不会这门语言。"1779年9月30日。富兰克林后来也提出了与拉法耶特侯爵同样的恳请。参见华盛顿于1780年10月11日的回信。——原注

这些从书上读来的事物可就不怎么喜欢了。我们可以从华盛顿早期的手写笔记中得知，大约在1748年，当时十六岁的他曾经"阅读《旁观者》杂志到第一百四十三期"。所有这些期刊都是斯蒂尔[1]和艾迪生[2]于英法在北美争夺殖民地的战争时期编写的，当时北美移民正在和"马尔布鲁克先生"（Monsieur Malbrouk，即法国人）作战。在这些期刊中，所有对法国人的描写都是充满讽刺的：他们是一个"可笑的民族"，他们的女性是"不切实际的"，他们的男性是"自负而狂暴的"，他们的时尚是可笑的。在斯蒂尔眼里，甚至连法国人的红酒都是粗俗的。斯蒂尔的确可以这么说，毕竟他在这方面很有经验。他还宣称，这"讨人厌的法国红葡萄酒"远不如"一两瓶优质的、纯粹的、陶冶情操的波特酒"。

华盛顿很快就对法国人民有了更多的了解，并发现他们绝非滑稽而又好动的木偶。

华盛顿是一名天生的军人，他具有一名优秀军人和一个合适的领导者的一切必要条件，并且如他自己所写，他"有决心面对其他人不敢面对的一切"[3]。他在军队中快速晋升。1754年，二十二岁的他成为一名上校。在这之前，华盛顿曾三次被派

---

[1]　即理查德·斯蒂尔（Richard Steele，1672—1729）。——译者注
[2]　即乔瑟夫·艾迪生（Joseph Addison，1672—1719）。——译者注
[3]　"就我自己而言，我可以说，我有强健的身体，足以经受最严峻的考验；我也有坚定的决心，去面对任何人不敢面对的一切。"1754年5月29日致信总督罗伯特·丁威迪。——原注

往俄亥俄殖民地和莫农加赫拉山谷查看能否侦查到未来盟友的进程。他的日记和书信表明，他就像忠诚臣民对待乔治二世一样，对盟友们充满热情，但这并没有影响他对盟友的判断。

第一次，他只是被命令向一个法军堡垒的指挥官递交弗吉尼亚总督的一封信，要求法军指挥官撤退，因为他们"入侵了英国国王的领土"。法国人圣皮埃尔先生是一位年长的军官，也是一位圣路易骑士，不久前曾带领探险队到最西边的落基山脉去探险[①]。他礼貌而决绝地拒绝了这个要求。圣皮埃尔先生给总督回信道："我是奉将军之命到这里来的，先生，请您不要怀疑，我一定尽力做到一个好军官应该做到的一切，严格而果断地遵守命令。""他很有军人的风范。"华盛顿这样评价他。

圣皮埃尔先生还对丁威迪[②]总督的送信人说了几句话，那人也将是他的回信的送信人。这是法国人第一次就华盛顿的性格进行评论："我特别重视对华盛顿先生的接待，以配得上您的高贵和华盛顿的个人能力。——来自牛河要塞，1753年12月15日。"法国人馈赠了大量物资作为礼物，但同时，华盛顿也对他们的"诡计"心存疑虑，这位年轻的军官开始往回赶。尽管旅途中困难重重，他还是设法拜访了阿利奎帕女王（Queen

---

① 拉韦朗德里（La Verendrie）父子前赴后继，大胆向西海岸进发。最近在南达科他（South Dakota）的皮埃尔堡附近发现了一块刻有法语、拉丁语铭文和法国军械的铅制牌匾。参见《南达科他州文物收藏》（*South Dakota Historical Collections*），1914年，第89页。——原注

② 即罗伯特·丁威迪（Robert Dinwiddle，1692—1770）。——译者注

 华盛顿会见圣皮埃尔先生。
19 世纪版画，绘者信息不详。

Aliquippa）。他写道："我给她送了礼物，一件斗篷和一瓶朗姆酒。她更喜欢后者。"1754年1月16日，华盛顿回到威廉斯堡，将圣皮埃尔先生否定的答复转达给总督，并把这次旅行的经过发表出来。①

第二次外派则是一次军事远征，其标志是次年发生的令人悲伤的、著名的朱蒙维尔事件（Jumonville incident）及英军在尼塞西蒂堡（Fort Necessity）向阵亡者朱蒙维尔的哥哥投降的事件。1754年7月3日，乔治二世的臣民们和他们年轻的上校在一场从上午十一点持续到晚上八点的战斗之后不得不投降。不过，法军允许他们"带着军人的尊严，敲着军鼓，带着部分军械"撤退。堡垒和其余大炮都被收缴了，与之相伴的还有华盛顿的部分日记。尽管不时被打断，华盛顿还是喜欢有空时写日记，他最后一篇有记录日期的日记写于1799年12月13日星期五，也就是他去世的前一天。在尼塞西蒂堡发现的那部分日记——从1754年3月31日至同年6月27日——则被送往巴黎并译成法语，1756年由王室印刷。②而现存的华盛顿日记只是法语版的重译本，其原本的英语文本没有被保存下来。

第三次外派则是1755年的一场惨烈的战役。这场战役以布

---

① 华盛顿少校的日记，由弗吉尼亚总督和总指挥罗伯特·丁威迪寄给俄亥俄殖民地的法军指挥官。威廉斯堡，1754年。——原注
② 《备忘录，载有准确的事实及其佐证文件，以答复英国大臣向欧洲法庭提交的证言》，1756年，巴黎。——原注

朱蒙维尔阵亡。
19 世纪版画，绘者信息不详。

拉多克^①的阵亡和英军在莫农加赫拉河的失败而告终。莫农加赫拉河距离新建的杜肯堡不远，也就是后来的匹兹堡。结果与预期相反^②（那里"大约有三百名法国人和印第安人，"华盛顿写道："我军由约一千三百名装备精良的士兵组成，主要是正规军。"^③），法军取得了胜利，并差点要了未来法美联军总指挥华盛顿的命。甚至有谣言称，他在写完临终遗言后就真的死了。于是华盛顿不得不写信给他的兄弟约翰^④并解释道，他还没有机会写临终遗言，尽管他当时的处境已经非常糟糕了："靠着全能上帝的庇佑，我得到了超乎寻常的保护。四颗子弹穿过了我的外衣和我身下的两匹马。尽管死神把我周围的同伴们击倒了，但我仍毫发无损地逃过一劫。最后我们输得一塌糊涂。"^⑤

命运中有很多巧合。在这次远征法军的途中，华盛顿担任英军将军的副官，交通工具却是由邮政局长本杰明·富兰克林提供的。

---

① 即爱德华·布拉多克（Edward Braddock, 1695—1755）。——译者注
② "至于来自敌人的危险，我认为是微不足道的。"1755年5月14日，华盛顿写给他的兄弟约翰的信。——原注
③ 1755年7月18日，华盛顿写给罗伯特·丁威迪的信。——原注
④ 即约翰·奥古斯丁·华盛顿（John Augustine Washington, 1736—1787）。——译者注
⑤ 相同的日期。1770年10月，华盛顿重新访问了该地区，但他的日记中并没有提及先前的事件："我们住在一个离'皮特堡'大约三百码的地方。这些房子是在莫农加赫拉河畔用圆木建造的，排列在街道上。我猜大概有二十间，住着一些印第安商人等。这座堡垒建在阿勒格尼河和莫农加赫拉河之间，但没有杜肯堡那么靠近河边。"——原注

法国人无疑不同于艾迪生的《旁观者》里描绘的那些浮夸的纨绔子弟，但他们还远不能得到年轻的华盛顿的认同。华盛顿对英王的忠诚体现在憎恨法国人，并把他们的一言一行都往最坏的方面去解释。华盛顿掌握的词汇有时比人们认为的更加丰富。1757年，他在写给理查德·华盛顿（Richard Washington）的信中说，法国人在俄亥俄河谷用以维持生计的手段是"令人憎恶的"。①

几年后，华盛顿的语气大大转变，不只体现在对待法国人的语气上，还体现在对英国政府和国王的语气上。华盛顿用悲伤而庄严、充满了他独有风格的言辞来警告他的朋友兼邻居乔治·梅森（George Mason），即弗吉尼亚第一部宪法的制定者：一场迫在眉睫的大危机正在逼近，"美国自由"岌岌可危，"看来我们非常有必要采取措施来避免这种危机，维护我们从祖先那里获得的自由。但如何做才能有效地达到目的，这才是问题的关键"。

"我的观点无疑是，所有人都应毫不犹豫地使用武器来捍卫如此宝贵的恩典，生活中所有的善恶都依赖于这种恩典。不过请

---

① 写给伦敦商人理查德·华盛顿的信，1757年4月15日写自劳顿堡。这封信使我们了解了华盛顿的品位。他从伦敦订购了"杂七杂八的东西"，并补充说："你可以寄给我任何商品，价格绝对不受限制，但必须是同类商品中时尚的、精致的、质量上乘的。"同样的品位在他写给罗伯特·卡里公司的信中也有所体现。他订购了一辆"有新品位，帅气、优雅、轻盈"的马车，最好漆成绿色，一定要时尚（1768年6月6日）。马车是同年9月送到的，它是绿色的，"全车镶框镀金，刻有漂亮的字体，镶板上满是花纹"。——原注

允许我补充一句，武力应当是最后的方法、最后的手段。"^①华盛顿是绝对坚定、绝对温和的，他就这样坚持到了斗争结束，甚至坚持到了生命结束。伟大的华盛顿的时代拉开了序幕。

2

又过了几年，当战争的大幕再次拉开时，重大的变化发生了。华盛顿，这位殖民战争时期的军官，现在已经四十二岁了。直到最后时刻，他仍然表达着这样的愿望："功过留给后人评说，但危机已经来临。我们要么维护自己的权利，要么对任何加在我们身上的压迫都逆来顺受，直到习惯把我们变成像被肆意剥削的黑人那样悲惨、温顺的奴隶。"对华盛顿而言，他很难接受"英国才是真正的敌人"这一事实。长期以来，华盛顿曾一直努力说服自己，挑起事端的不是英国和英王，而是英国大臣和他们的军队——"内阁军"。1775年5月31日，华盛顿在费城参加第二次大陆会议，他写信给英国的G.W.费尔法克斯（G. W. Fairfax），向他讲述了马萨诸塞"乡巴佬军（provincials）"和英国"内阁军"之间的冲突，"因为我们没有理由，也无法说服自

---

① 1765年4月5日，写于弗农山庄。——原注

己称其为英王的军队"①。

在华盛顿看来，这场战争将是一场兄弟间的手足相残。"一想到一个兄弟的剑刺进另一个兄弟的胸膛，曾经幸福和平的北美大陆要么被鲜血浸透，要么满是奴隶，就会让人感到难过。让人伤心的抉择，有德行的人做选择时会犹豫不决吗？"

两周后，根据约翰·亚当斯的提议，此信的署名人，即华盛顿，被任命为马萨诸塞一支新组建的军队的总指挥。这支军队被称为"大陆军"，从此载入史册。②经过八年抗争，其对手是在陆上、海上都称王称霸的英国。这位布拉多克的前副官将成为一个尚未诞生的国家的领导人。

现在全世界都知道这场冲突是什么以及其结局如何了。冲突期间既有悲伤的时刻，也有欢乐的时刻；既有福吉谷溃败，也有萨拉托加大捷。华盛顿在谈到自己的命运时写道："我相信，没有人在面对困难时能做出比这更好的选择。"③

此时，华盛顿已经不再对法国人表示蔑视或敌意，他开始

---

① 这种情况一直持续到美国宣布独立。1776年3月19日，华盛顿在信中通知第二次大陆会议主席，他率军夺取了波士顿，"内阁军"撤退了。"起义军"的旗帜是当时的英国国旗，再加上十三条红白相间的条纹，象征着十三个殖民地。——原注

② 华盛顿以谦逊的态度接受这一任命，他在给妻子的信和给巴塞特（Bassett）上校的信中说道："我只能保证三件事，即坚定地相信我们事业的正义性、密切关注我们的事业及最严格的正直。如果这些不能代替能力和经验，我们的事业就会受损，我的人格很可能也会受损，因为成功是名誉的主要支柱。"1775年6月9日。——原注

③ 1776年12月18日，写给兄弟约翰的信。——原注

更加公正地对待他们，但他的心还远没有被打动。法国志愿兵早就开始涌入美国军队，他们中的一些人与其说是为军队带来了帮助，不如说是成了累赘。1776年10月，华盛顿在给国会的信中写道："他们似乎是温文尔雅、通情达理的人。我坚信只要他们能学会我们的语言，能把自己的想法表达清楚，他们就可以成为优秀的军官。"华盛顿了解到，一位年轻的积极分子离开了妻子和孩子，作为志愿者投身美国的事业，正如华盛顿本人一样，不求回报。他曾乘坐一艘叫"胜利"号的船，躲过英军巡洋舰，成功穿越大洋——他就是拉法耶特侯爵。华盛顿在写给本杰明·哈里森（Benjamin Harrison）的信中抱怨道："又多了一个负担。国会关于这位先生的计划是什么，我应该采取什么样的行动来配合国会的计划和他的期望？我知道的东西并不比一个腹中胎儿多，我请求得到他们的指示。"①

　　刚刚抵达费城的拉法耶特侯爵恳求道："请给我一个机会，我不想只成为名义上的士兵。"他来到军营的首要原因是友谊，或者这至少是第二个主要原因，这可能需要一支"普鲁塔克②的笔"才能解释清楚。1777年8月，华盛顿一直在想该如何对待这位新来者。1777年11月1日，他写信给国会："……此外，他通晓事理、举止谨慎，并且精通我们的语言。从他在布兰迪万溪战役中展现出来的品质来看，他具有很大的勇气和军人的

①　此信写于1777年8月19日。——原注
②　即普鲁塔克（Plutarch，46—125），古罗马作家。——译者注

热情。"

于是，华盛顿这才有机会去了解究竟是什么人在布拉多克败仗中把那么多子弹射进他的外套。慢慢地，华盛顿开始意识到这些昔日的敌人身上有一种独有的特质。这种特质使他们能成为朋友，那就是他们对所珍视的思想具有无私的热情。

这种变化不是一蹴而就的。早期的偏见和联想给华盛顿留下了太深的烙印，难以消除。他比上了年纪的富兰克林纠结的时间还长，并且他用比这位费城智者更辛辣的笔锋，写下了他对法国政策的持续的怀疑，他不相信法国政策的动机完全出于慷慨。1777年，华盛顿在给兄弟约翰的信中写道："从一开始，我就一直是为数不多的几位在对法战争中屡建功勋的人。我从过去到现在都不认为他们除了给我们暗中援助，别无所图。也就是说，他们为我们提供武器，是为了和我们做生意、赚钱。事实上，如果英国有精力对此表示不满，那么这可能会引发一场战争。但我坚信，任何一方的宣战都必然是由之前提到的国力决定的。"然而，事实并非如此。

即使在法国单方面承认了这个新的国家并且确实已经对英国开战后，华盛顿仍然固执己见，他的心也没有被感化。他写道："对英国的仇恨可能会使一些人对法国产生过度的信心……我衷心欢迎我们的新盟友，并在一定程度上珍惜盟友的支持。但这是建立在人类普遍经验基础上的格言，即对任何国家的信任都不应危及自身利益。任何谨慎的政客或政治家都不会冒险背离这一准则。"[①]

《独立宣言》发表之后，美国特使被派往欧洲，肩负着维护同盟的使命，不只是为了与法国联盟，而是为了所有可能受到殖民地命运影响并愿意争取自由的国家。一些使者甚至被拒绝进入目的国的首都，还有的使者也只是听到了几句冠冕堂皇的敷衍之词。

之前曾被拒绝进入马德里的阿瑟·李（Arthur Lee），被派往普鲁士。1777年6月4日，他抵达普鲁士首都，却无法觐见国王腓特烈大帝（Frederick the Great）。阿瑟·李用恳求的语气写信给国王："没有人能像陛下您一样在我们之中备受尊敬。因此，也没有哪位国王的友谊宣言能如您的一般鼓舞我们的人民。"但国王并未被说服。他拒绝在"炮兵、武器、资金"等方面提供任何帮助。尽管如此，阿瑟·李还是在给外交事务委员会的信中写道："我清楚地知道腓特烈大帝的国库中有一大笔钱。"但他不愿让步，他给出的理由是，如果他同意，会给他自己带来很多"不便"。他甚至拒绝接见阿瑟·李，不过，他允许阿瑟·李参观他的军队。美国特使写信给华盛顿说，普鲁士的军队是无与伦比的机器，但也只是机器。

"普鲁士军队有二十二万人马。高强度的操练，并辅以鞭笞。军队训练有素，行动敏捷，在欧洲首屈一指。他们每天都操练。每个士兵都由不同的军官单独检验。这些士兵的四肢都要摆

---

① 1778年11月14日。——原注

到恰当的位置，看上去如同工人手中的机器。"①

1777年7月，当阿瑟·李离开普鲁士时，腓特烈大帝同意做的"最激进"的事是要阿瑟·李放心，普鲁士绝对不会支持英国。

只有法国人对美国的呼吁做出了回应。他们支持美国的主要原因，与其说是对英国的憎恨，不如说是对自由的热爱。殖民地的反抗在法国很受欢迎，与其说是因为殖民地人民想摆脱英国的枷锁，不如说是因为他们自己想摆脱枷锁。

在罗尚博伯爵到达美国之前，华盛顿在战争期间见过的法国人也不算少，但都是一些零零散散的个体。他曾经听说过他们作为士兵和水手时的所作所为，却没有亲眼见过。华盛顿认为，在那个时代，法国军人作为绅士和士兵堪称楷模。他写道："他们在战争中较为守旧，对军事礼节有严格要求，易于为其他人几乎不关注的地方所感动"。②然而，在萨凡纳战役之后，华盛顿注意到，当面临考验时，他们表现出了全部的热情、沉着冷静、谨言慎行。他对本杰明·林肯将军说："虽然我对这场灾难（萨凡纳战役失利）感到遗憾，但一想到法军和美军的英勇行为，我便

---

① 1777年6月15日，写给华盛顿的信。1785年，拉法耶特侯爵也表述了同样的印象，他看到了普鲁士军队的大规模军事演习，并将其报告给了华盛顿："普鲁士军队是一架完全正规的机器……战争中可能出现的所有情况、可能引发的所有行动，都被习惯性地灌输到他们的头脑中，以至几乎所有指令都被机械地执行了。"1786年2月8日。《拉法耶特将军的回忆录、书信和手稿》（*Mémoires, correspondance et manuscrits du Général Lafayette*），布鲁塞尔，1838年，第1卷，第204页。——原注
② 1778年9月华盛顿写给约翰·沙利文（John Sullivan）将军的信。——原注

感到一种合乎情理的快乐。我非常欣慰地意识到，当不同国家军队间的合作失利时，如果不是像通常那样相互指责，那么，彼此间的信心与尊重就会增强。"[1]

然而，对法国人在海上打仗这件事，华盛顿并没有向他的密友隐瞒自己的疑虑。他很早就认为，整个战争和美国的独立可能取决于，或至少暂时取决于对海洋的统治，但他对实现这一目标的可能性持极大的怀疑态度。他想："优势将很可能在英国那一边。那么美国又该何去何从呢？我们不应该自欺欺人……贸易范围最广的国家将拥有最强大的海军力量，这是一条公理……的确，法国在某种程度上在狭窄的海域内建立了一支舰队，这可能会误导我们对其海军实力的判断……我们应该把法国的成就视为其政府激烈的、异乎寻常的努力的结果。由于基础不够扎实，法国政府无法继续发挥与之相称的影响力。"况且，尽管"法国有才干的金融家内克尔[2]创造了许多奇迹"，但法国依旧不是一个富裕的国家。[3]

罗尚博伯爵带着泰尔奈舰队的五千名士兵一同到来，舰队上还载有许多海军军官和水手。可以说，华盛顿亲自与法国人接触，而不再依赖于阅读带有敌意的书籍、英法殖民战争的纪念品，或与他人相识留下的印象。《旁观者》杂志里的描写越来

---

① 1779年12月12日。——原注
② 即雅克·内克尔。——译者注
③ 1780年5月28日，华盛顿致里德主席（President Reed）的信。——原注

难以让他信服了。

华盛顿发现身边的法国人都思想沉稳、彬彬有礼。值得注意的不仅是他们的战斗品质，还有他们的责任感、耐心和毅力，以及他们想建功立业的渴望。至于军队，众所周知，他们纪律严明，这使对法军本不抱期望的当地居民既惊讶又高兴。

华盛顿的心逐渐被感化。在这场战争中，法军没有为自己征服任何土地，却征服了华盛顿。在很长的一段时间里，华盛顿仅仅是形式上的联盟的一员，他对盟友及对他们国家的赞美体现在他写给盟友的信中，或者体现在他写给国会的报告中。而事实上，这些都是公开的文件。终于有一天，华盛顿在一本不会被他人看到的日记中写下了这七个字："我们慷慨的盟友。"1781年5月1日这一天，华盛顿的心真正被感化。

从那一刻起，华盛顿所写的关于法国的文字，无论是写给自己的，还是写给国会的，都充满了真情实感。直到今天，对这位伟人作为总指挥所率领的将士来说，诸如此类的文章令人愉快。举例来说，在约克镇投降前七天，他在这一期间的演讲内容就被送到了国会："我不得不承认罗尚博伯爵、圣西蒙侯爵所承担的繁重的任务。他们指挥西印度群岛的军队，指挥其他的将军及法国军队各教派的军官。我不得不感谢他们对我的帮助。就目前来说，许多先前参与进来的先生们的经验是最大的优势……两军相处非常和谐，他们似乎都被一种精神驱使，那就是对盟军荣誉的支持。"①在第二年里，当这两支此后再未见过面的军队即将分离时，两军总指挥这样总结了此次合作给他留下的印象："实事求是地说，我认为自去年法军与美军首次会合以来，两军之间可能从未如此和谐过。"②

1783年初，和平和美国的独立实际上已经得到保障。华盛顿隆重庆祝使这一切成为可能的美法联盟纪念日。他对格林将军说："我原本打算给你写一封关于各种问题的长信，但在我准备庆典那天，伯内特少校（Major Burnet）突然出现，当时我正准备在鸣礼炮之前检阅部队。"那时，他发布的命令如下："总指挥希望这一吉祥的日子常在，以尽可能广泛地传播感激和愉快的心情，他很高兴赦免所有现在被监禁的军事囚犯，给他们完全的自由。"③

华盛顿使用的那本口令簿仍然保存完好。我们从中了解到，那天的口令是"美国和法国"，应答口令是"联合，永远"。

3

战争已经结束，不需要进一步的帮助了，但华盛顿仍继续与许多法国人通信，这也足以证实他的真性情了。他与罗尚博伯

---

① 《在约克镇战役之前》，1781年10月12日。——原注
② 1782年10月20日，写给拉法耶特侯爵的信。——原注
③ 1783年2月6日。——原注

爵、德斯坦、沙特吕侯爵、拉吕泽纳伯爵都有书信往来，拉吕泽纳伯爵在美国与华盛顿依依惜别，后来担任法国驻伦敦大使。①

与华盛顿通信的法国人当中，当然还有拉法耶特侯爵。拉法耶特侯爵还保存了其中的一封信。这封信读起来让人很愉悦，就是朋友间的通信，谈自己的期待和感受。华盛顿写给拉吕泽纳伯爵的一封珍贵的信的主题是法国对和平的态度："阁下为美国事业所做的贡献，在美国独立过程中所做的伟大而仁慈的贡献，都深深地印在我的脑海里。我和所有美国公民一样，会永远铭记……在开拓领土方面，条约中②的条款对法国似乎不像对其他大国那样有利③。但这个伟大国度在这场战争中及在缔造和平的过程中，向世界展示出的宽宏大量和大公无私，肯定会给法国和国王陛下带来至高无上的荣誉，其意义无可比拟。"④

华盛顿告知法国朋友们美国的进步和他本人对美国腾飞的期望，他想去美国最西边的边界走一走。他写信给沙特吕侯爵："在这些实地考察的推动下，我不禁对美国广袤的内陆交通

① 在给拉吕泽纳伯爵的告别信中，华盛顿说："您可以放心，您为这个国家服务的能力和意向是如此为人所了解，您的服务是如此为人所赞赏，以至于再没有哪位公使的住所会被人们永远记住，也没有哪位公使的离任会让人们更真心地感到遗憾。我们不会忘记，您见证了美国从最危险的时刻到胜利的时刻所经历的危险、痛苦、努力和成功。"1788年2月7日。——原注
② 即美国独立战争之后签署的《巴黎条约》。——译者注
③ 他们只是批准双方在殖民地进行一些领土交换和归还，并规定，在战争开始时就被驱逐的敦刻尔克的英国特工不得返回。——原注
④ 此信写于1783年3月29日。——原注

进行了深入又广泛的思考。看着地图再加上其他信息，美国国土范围之大及其位置之重要让我震惊。上帝是如此慷慨地帮助我们，感谢上帝的仁慈。愿上帝保佑我们有足够的智慧来改善我们所拥有的。等我走遍美国的西部，走过那些新领土、新边界，或至少走过大部分，我才会感到心满意足。"[1]几年后，他在给拉吕泽纳伯爵的信中写道："美国在国民幸福感方面正取得巨大进步，尽管还没能达到人类本性所能达到的高度，但我想我们可以得出这样的结论，从政治当中获得幸福是无法实现的。"[2]

　　1782年6月，华盛顿在给凯里的信中写道："我渴望退休。"他一直渴望休息，并在1783年年底获得批准，当时最终条约[3]已经缔结。1782年12月23日，他在安纳波利斯（Annapolis）提出辞去自己在国会的职务。他说："跟这个我已经长期履职的庄严机构做一个深情的告别吧。"起初，在弗农山庄，他很难享受他如此向往的宁静的生活，他写信给诺克斯将军说："我早上一醒来就立即思考接下来这一天的事务，这一习惯很难改变。令我感到惊讶的是，经过反复思考后，我发现自己不再是公众人物，也与公务无关。"但他很快就沉浸在宁静的环境和幸福的家庭生活中，他把他的新生活写给罗尚博伯爵和拉法耶特侯爵，字

---

① 　此信于1783年10月12日写于普林斯顿。第二年秋天，他开始了这次旅行。——原注

② 　此信写于1791年9月10日。——原注

③ 　即《巴黎条约》。——译者注

里行间难免带有一丝伤感，这就像一个人一生的追求成了过眼云烟。华盛顿的心对所有人都是柔软的，1784年2月1日，他在写信给拉法耶特侯爵时，并不知道他的休息只是暂时的，也不知道他将成为这个被他自己赋予生命的国家的第一任总统。

"亲爱的侯爵，我终于成了波托马克河畔的居民，在我自己种的葡萄树和无花果树的阴凉下，我摆脱了军营的喧闹和公共生活的繁忙，正在享受宁静。那些想要加官晋爵的士兵、那些日夜操劳地制定计划来为自己谋前程的政治家，这其中的一些计划也许包括毁灭其他国家，仿佛这个地球不够我们大家共享……这些人无法想象我正在享受的这份宁静。我不仅从所有的公共事业中退休，而且我的内心也退休了，我对自己孤独的生活感到由衷的满意。我不羡慕任何人，我对所有的一切感到高兴。我亲爱的朋友，这是我前进的命令，我将沿着生命的溪流缓缓前行，直到与我的父辈们长眠。"

华盛顿一见到拉法耶特侯爵就变得随和，变得深情，变得诗意，正如前面引用的那一段文字那样富有诗意，有时甚至显得诙谐幽默，这在这位伟人身上是很少见的。他希望拉法耶特侯爵夫人到美国来参观弗农山庄，并对她说："我家的门比您自家的门更欢迎您。"[①]拉法耶特侯爵夫人的访美计划一直未能成行，但她的丈夫于1784年回美国待了几个月。美国独立后，拉法耶特侯

---

① 1784年4月4日，写于弗农山庄。——原注

爵来过美国两次，这是第一次。就在那时他在安纳波利斯与总指挥分别，并且之后再也没有见过面，分开时两人都十分伤感。华盛顿从弗农山庄给他寄信，拉法耶特侯爵在启航前及时收到了这封信，这或许是他收到的所有的信中最感人的一封。

"在我们分离的那一刻，在我返回的路上及此后的每一个小时，我感受到这些年来对您的爱、尊敬和依恋。与您的紧密联系以及您的功绩长年一直激励着我。当我们的马车分开时，我常常问自己，这是不是我最后一次见到您。虽然我想说不是，但我的恐惧回答了我：是的。我追忆青春岁月，发现它们早已一去不复返了。我已经攀登了五十二年，如今正在走下坡路。虽然我的身体还不错，但我的亲人们都不是很长寿，可能我很快就会被埋葬在父亲的墓地里。这些想法使夜色变得阴沉，使风景变得灰暗，因此也使我再见到您的希望更加渺茫了。但我不会抱怨，因为我已经拥有过那些美好的日子。"①

第二年，华盛顿收到了一幅拉法耶特侯爵和妻子及孩子们的画像，这让他非常高兴。他对寄信的人说："这礼物是无价之宝，我要放在家里最显眼的地方。"②

华盛顿一直是拉法耶特侯爵的知己和人生导师。在华盛顿最著名的一封信中，他对伟大的腓特烈大帝和他的兄弟，也就是

---

① 1784年12月8日。贝亚德·塔克曼：《拉法耶特侯爵》，1889年，第1卷，第165页。——原注
② 此信写于1785年7月25日。——原注

拉法耶特侯爵最近拜访过的亨利亲王做出了评价。在信中，他简明扼要地介绍了对拉法耶特侯爵来说，理想的人治应该是怎么样的。他写道："普鲁士国王和亨利亲王（这两位作为军人和政治家不会向任何人低头）有鲜明的特点，也有崇高的荣誉。能受到他们的欢迎，这表明他们很有眼光，也表明您有过人之处。伟人身上很少没有污点。对数百万人实行专制统治将永远是普鲁士国王的污点，而令人高兴的是，对人类权利的尊重是亨利亲王的优点。"

这几年相较而言可以称得上是休假的时期——必须加上"相较而言"这个前提，因为在这期间，华盛顿不得不接待无数的访客，回复数量庞大得令人难以置信的来信，因为每个人都想听听他的意见。1787年，他以弗吉尼亚代表的身份参与宪法的制定。他在法国的名气越来越大，从那里传来了各种各样对他表示钦佩的轶事，有宏大的，有简单的，有夸张的。就比如说来自洛梅里骑士（Chevalier de Lormerie）的信，他大胆地"向一个与其说是军人，不如说是哲学家的将军提出了《永久和平计划》（*Plan of Perpetual Peace*）"①。

除了来信，来自法国的访客也会不时地出现在弗农山庄的门

---

① "阁下，您的仁德和军事才能为您的国家带来了自由和幸福，而在我看来，它们对整个世界的影响更大。这是每个觉得自己配得上永生的人所追求的伟大目标"，等等。1789年5月28日，《大陆会议文集》，第78卷，第759页，国会图书馆。——原注

口。其中有一位叫让-安托万·乌东的访客，他是一位著名的雕塑家。他受人委托前来，甚至可以说是受命前来的。他受弗吉尼亚议会通过的一项法案之托而来。该法案"要求政府采取措施，用最好的大理石和顶级的工艺为华盛顿将军制作一座雕像"。

只要是当时技艺最高超的雕塑家都可以，国籍不限。弗吉尼亚总督告诉当时在巴黎的托马斯·杰斐逊："议会的目的是寻找一位技艺最精湛的雕塑家来完成这座雕塑。因此，我将把这个任务分配给你，由你去找到欧洲最好的雕塑家。"[①]幸运的是，法国又一次交出了完美答卷。

执行总督哈里森并不精通艺术，他认为一位雕塑家完成一件作品只需要一幅对象的肖像画，所以他从皮尔（Peale）那里订购了一幅，并认为这足以使雕塑家"做出最完美的雕像"。[②]让-安托万·乌东愿意去办这趟差事，前提是必须保障他的生命安全，因为他要养活双亲和姐妹们。由于存在风险，这个差事并不容易完成。后来我们终于知道，这位伟大的雕像家只开价两千美元。

1785年10月2日，让-安托万·乌东抵达弗农山庄，他和富兰克林乘坐同一艘船。富兰克林在法国工作了很多年。在乌东

---

① 1784年6月22日。C.H.哈特（C. H. Hart）和艾德·比德尔（Ed. Biddle）：《让-安托万·乌东》，费城，1911年，第182页。——原注

② 出处同上，第189页。这幅皮尔绘制的乔治·华盛顿全身像，以约克镇和格洛斯特及英军投降为背景，售价三十几尼，于1785年4月运抵巴黎，此后就消失了。——原注

到达之前，托马斯·杰斐逊先给华盛顿写了一封信，信中这样描述：“虽然我只提到他是一名艺术家，但我也可以向您保证，他作为一个普通人，无私、慷慨、坦率、有荣誉感。在任何情况下，他都配得上您的赞美。”[①]乌东在弗农山庄住了两个星期，为此还专门配了一名来自亚历山大的翻译。按原计划，华盛顿要穿古时候的衣物，但这被雕塑家和华盛顿本人否决了。华盛顿代表的不是希腊人，他也不是希腊人；他代表的是一位美国将军，他的形象是活生生的。一个人如果想亲眼见到华盛顿，想生活在他的身边，想从伟人身上得到道德上的提升，只需要去里士满（Richmond）就行。对那些知道如何倾听的人，雕像也知道如何“倾诉”。在整个美国，没有哪一件艺术作品能比这件更有意义、更有价值。雕像的复制品无法复制原作的神韵，因为雕像原作如此地贴近华盛顿本人。必须去里士满才能够欣赏到这件艺术品。

让人遗憾的是，让-安托万·乌东没有留下任何关于他的这段旅程和在弗农山庄停留期间的记录。像往常一样，他说的话都刻在了大理石上。

其他或多或少有点名气的法国访客也会到弗农山庄来。即使在美国面临最危难的困境时、面临失败的危险时，它也一直受到法国人的追捧，现在更是如此。人们想亲眼看看自由的力量是

---

① 1785年7月10日。《让-安托万·乌东》，第191页。——原注

什么样的及它是否能像报道的那样，把一个国家变成"一座伊甸园"，把城市变成现代的"萨伦特"。1778年是联盟之年，塞巴斯蒂安·梅西埃（Sébastien Mercier）在他的著作《文学》（*De la Littérature*）中描绘了法国人民期望的图景："也许只有在美国，人类才会改变自己，去接受一种新的崇高的宗教，改进科学和艺术，并成为古代国家的代表。自由的天堂，希腊人的精神和所有坚强而慷慨的灵魂都会在这里生长或相遇。这个伟大的榜样将告诉全世界，当人类的勇气汇聚在一起、团结一心奔着同一个目标前进的时候，他们能做些什么。"如前文所述，安·罗伯特·雅克·杜尔哥在同一年也写了类似的文章。

战争的胜利给人们带来了更多的希望；前所未有的争取自由的运动的成功激发了一种热情，这种热情以诗歌和散文的形式表现出来。就在美法同盟条约签订的那一年，一部史诗出版了，用法语亚历山大诗体写成，分成不同的诗章，以古希腊的模式为点缀。丘比特及其他众神在诗中各自演绎着他们的角色：

众神是这样说的，至高无上的君主

——引用抽象的美德：

众神可爱的女儿，神圣的宽容。

在乔尔·巴洛自己写这部史诗的几年前，另一部史诗由L.德·沙瓦纳·德·拉格朗迪埃（L. de Chavannes de La Grandière）执笔写成，并由作者本人作了大量注释，题名为《美国的解放》（*L'Amérique Délivrée*），献给了约翰·亚当斯。[①]

新塔索（Tasso）公正地预见到美国的变化将对欧洲产生巨大影响，他以最崇高的敬意向华盛顿和国会致辞：

> 华盛顿，记忆中的英雄
>
> 两个世界的复仇将美化历史；
>
> 在我们邪恶的世纪里，你是众神的手
>
> 让宇宙感到安慰和惊奇
>
> 调兵遣将，运筹帷幄
>
> 带着一颗纯洁无瑕的心，带着仁慈的灵魂，
>
> 蒂雷纳（Turenne）的才能，加图父子的美德，
>
> 两个西庇阿（Scipion）也敌不过你，
>
> 享受你的胜利，欣赏你的丰功伟绩。

国会是"古希腊的最高法院"，成员有顾问忒弥斯（Themis）和密涅瓦（Minerva）：

---

① 阿姆斯特丹，1783年。作者反英情绪强烈，并对法国仍然存在的"罪恶的盎格鲁狂热"感到愤慨。——原注

奥古斯都最高法院，或者密涅瓦本人

由最高机构与忒弥斯一起宣布

那么多参议员，国家的装饰品，

一群人或所有的统治者

各国的法律都应该前来学习

神圣的原则，甚至

愿人民手中的权杖能伸得更远。

——"您已经向我们投来了一束光，向我们展示了如何打破暴君的枷锁。"一条预言性的脚注，对这首诗作了评价并宣告："大事即将发生，并且会来得比人们想象中的还要早。君主们会高兴的，因为他们将学会如何做到公正、和平、仁慈。"六年之后，法国大革命爆发了。

拉克雷泰勒（后来成为法兰西学院的一员）虽然文笔朴素，但拥有更广泛的支持者。他与达朗贝尔、孔多塞（Condorcet）和安·罗伯特·雅克·杜尔哥同属一个思想家流派。他也怀着一种狂喜的钦佩之情写道："在哥伦布发现美洲新大陆之后，人类发生过的最重要的事莫过于美国独立。"在谈到新生的美国时，他说出了世界对美国的期望和美国自己的责任，这在很大程度上取决于美国的成与败："新生的美国，我向你致敬，因为你是人类的希望，你为我们打开了一个避难所，并承诺了伟大而幸福的前景。在我们的祝福中，你的力量和疆域都在不断增长……

"在践行民主制度时，你得恪守坚定而纯粹的道德……但你不能放弃生活的舒适，不能放弃由财富、科学和艺术带来的社会繁荣……你身边的腐败不会改变你的道德；你可以允许身边的腐败靠近，但你不能被腐败入侵。在允许财富自由的同时，你将会看到财富被过度地分散，然后你会用权利上的绝对平等来弥补物质享受的严重失衡……

"制定法律的人们啊，请千万不要忘记你们的职责是多么庄严、任务是多么重要。你们的命运，事关重大，你们要时刻怀着崇高的自豪感和圣洁的热情。因为有你们，整个世界都充满了期待。五十年后，世界将从你们那里了解到现代人是否能维护共和政体，道德是否能与伟大的文明进步相协调，美国的目的是改善还是恶化人类的命运。"①

这种对未来人类的新共和国的责任感及其成败对所有国家的重要性，引起了法国思想家们对这个问题的关注。他们表达了自己的信仰和钦佩，还提出了一些建议，因为对人类历史的研究使他们认为这些建议是有用的。比如谦虚、开明、高尚的马布利神父（Abbé de Mably）的《对美国政府和法律的观察》（*Observations on the Government and the Laws of the United*

---

① 在1785年的《法国信使报》中，作为克雷夫科尔（Crèvecœur）《一个美国农民的来信》（*Letters from an American Farmer*）一书书评的序言，并在1787年《信札》（*Letters*）法语版的开头转载。——原注

States）就是这种思考的成果。[1]

有一位最能代表法国人普遍看法的访客，拿着拉法耶特侯爵的介绍信，就像是拿到了"芝麻开门"的咒语，敲着弗农山庄的大门。这是一种可靠的"开门方式"[2]。信上写道："这位先生打算写一部美国史，如果您能允许他看一眼您的文件，他会非常高兴的。他值得这样的优待，因为他非常热爱美国，文笔又好，能描写出事物真实的一面。"[3]

这位持信人是J.P.布里索（J. P. Brissot），他是新共和国的朋友，也是一位真诚的仰慕者，并且他的英语说得非常流利。他在法国大革命中的作为让他很快就声名鹊起，并悟透了革命的道理。很年轻时，他就写了关于刑法改革的文章，宣布支持犹太人的解放，并创立了"黑人之友协会"。更重要的是，他成立了第一个"美国加卢协会"。该协会成员可以"就法美的共同利益交换意见"。要想成为该协会成员，必须证明自己"有能力并乐意

---

① 《对美国政府和法律的观察》，阿姆斯特丹，1784年，以给约翰·亚当斯写信的形式。正在讨论的宪法是最初各州的宪法。马布利神父说："在欧洲，几乎所有国家无视宪法的原则，坚持像管理牲口一样管理人民。我们要让所有人享受应有的权利。令我们感到欢欣鼓舞的是，你们的十三个州既知道人类的尊严，又从最明智的哲学中得出了管理人民的原则，并将这些原则落实到治理实践当中。"（第2页）——原注

② 富兰克林的孙子回到美国后，也想结识华盛顿。1785年7月14日，拉法耶特侯爵写信给华盛顿，热情地赞扬了这位年轻人。《拉法耶特将军的回忆录、书信和手稿》，布鲁塞尔，1838年，第1卷，第201页。——原注

③ 1788年5月25日。J.P.布里索：《通信与文件》（*Correspondance et Papiers*），佩鲁德主编，巴黎，1912年，第192页。——原注

引起他人对人类和社会幸福的普遍观点的关注"，因为尽管这一协会名义上专门关注法美两国的利益，其实，它关乎人类和全社会的幸福。[①]六年之后的恐怖统治时期[②]就要开始，我们格外热切地珍惜宏大的人道主义计划。

然而，该协会的"专门目的"是"帮助两个国家更好地了解彼此，而实现这一目的的唯一方法是使法国人民和美国人民更紧密地联系在一起"。该协会即将出版著作，第一部献给美国国会和美国在新旧两个大陆的朋友。它还会从"自由的美国"进口报纸、书籍、法律文本、国会期刊，它"欢迎因业务需要而来到法国的美国人，因为他们的知识储备能够传递有用的信息"。没有任何事情能比这更顺理成章的了，因为该协会的宗旨是"两国的福祉"。而且拉法耶特侯爵和托马斯·杰斐逊也受邀加入了该协会。协会的创始人之一是克雷夫科尔，他因作品《一个美国农民的来信》而广为人知。他离开法国重返美国时的任务是"利用报纸或其他方式来让美国人知道该协会，而且他的任何开支都是可以报销的"[③]。然而，这位在其他事务上都表现得很积极的农民执政官，在这个任务上却失职了。

1788年7月，J.P.布里索到达波士顿，他发现美国正是他预期

---

① 1787年会议报告全文。《通信与文件》，第105页。——原注
② 即雅各宾专政。法国大革命时，1793—1794年由罗伯斯庇尔领导的雅各宾派统治法国，该时期又称"恐怖统治时期"。——译者注
③ 《通信与文件》，第114、116、126、127、136页。——原注

中的模样——"一个自由的避难所"。他在登岸时写道:"我向你致敬……如果上天能让美国离欧洲更近一点就好了。如此一来,就不会有那么多人因没有自由而白白流泪。"这里的居民们"看起来单纯又善良,但他们充满了人类的尊严,意识到自己的自由,并将所有人视为兄弟和平等的人……费奈隆(Fénelon)描述的萨伦特是多么美好,以至于我以为自己真到了那里"。

"平等"带给他的触动最深,对他的广大同胞而言也是如此。正如前面提到的,这是美国特有的,并在大革命前夕从美国传入法国。

J.P.布里索承认,生活奢靡当然是危险的,但美国人民知道这一点,并且反对这一点。在马萨诸塞州,最受尊敬的人们组成了一个团体,来阻止奢侈风气的蔓延。然而,除了在萨伦特,这种尝试从来没有成功过。

走访了美国的主要城市后,J.P.布里索拜访了富兰克林,发现他病得很重,但他伟大的头脑却没有受损。1788年11月,布里索到达弗农山庄,并在那里住了三天。值得庆幸的是,布里索和雕塑家乌东不同,他记录下了这个地方和这里的居住者:"将军傍晚才回来,非常疲倦,他在庄园里走了好长一段路。人们时常把他比作辛辛纳图斯(Cincinnatus),这个比方是合适的。就像这位著名的将军自己所说的那样,他现在只是一个好农夫,总是在农场上忙活,改进耕作技术、修建谷仓。他向我展示了一个巨大的谷仓,这个谷仓是根据著名的英国农业学家亚瑟·扬

（Arthur Young）寄给他的设计图建造的。不过，这个谷仓被他大大改进了……

"将军家里的一切都很朴素。桌子很好，但不奢华。家里简简单单，井井有条。华盛顿夫人对每件事都有自己独到的眼光，是一位优秀的主妇。她有一种朴素的庄严，这种庄严与她的伟人丈夫很相称。再加上她热情好客，对陌生人也关怀备至，显得她和蔼可亲。她的侄女有同样的美德，也很有趣，但不幸的是，其健康状况似乎令人担忧。"

至于将军本人，"他面容中透着善良。他的眼睛虽不再像他从军时军官们看到的那样炯炯有神，但在谈话时显得很活跃……在他所有的言语中，睿智是最主要的特征，与之相伴的是他极度的谨慎和些许的腼腆。同时，一旦下定决心，他坚定而不可动摇的性格特征就会显现"。

他非常谦虚。"他谈起美国战争时，就好像他自己不是这场战争的领导者；谈到胜利时，他的那种淡定是一般人无法比拟的……国家的分裂让他心碎。他觉得有必要把所有拥护自由的同伴召集到一起，围绕一个中心任务，那就是给政府注入能量。他随时准备放弃能让他感到幸福的宁静生活……谈起拉法耶特先生，他很激动，把对方当成了自己的孩子。"

不仅有农业和政府管理方面的介绍，这位未来的总统还给他的访客介绍了一些当地的习俗和礼仪："将军告诉我，美国同胞正在进行一场巨大的变革。人们喝酒比以前少了；主人家不再勉强客人喝酒，让他们喝得醉醺醺地回家已经不合礼节了；从前经常在酒馆里举行的那种吵吵闹闹的聚会，现在已不再流行了；服装也变得越来越简单。"

J.P.布里索一听到法国将军召开会议的消息，就预感这是一个巨大变化的开始，便急忙赶回法国，并发表了一篇游记。他在写于1790年的序言中说明了自己为什么要这样做及法国人可以从大洋对面的邻居那里汲取什么教训。

"这次旅行的目的不是研究古董雕像，也不是寻找未知的植物，而是要观察刚刚获得自由的人们。对法国人来说，自由的人不再是陌生人了。

"我们也获得了我们的自由。我们不必向美国人学习如何获得自由，而是要学习如何捍卫自由。其秘诀在于道德……什么是自由？自由是最完美的社会状态。在这种状态下，人只能靠自己制定法律。[1]为了制定更好的法律，人必须提升自己的理性；为了运用法律，人必须再次诉诸理性……道德不过是理性，适用于生活中的所有行为……道德属于自由人，就像镣铐、鞭刑和绞刑架属于被奴役的民族一样……此次旅程将向您展示自由对道德、生产和对人的改善的奇妙影响……我的愿望一直是向我的同胞描绘这样一个民族：无论从哪个角度来看，他们都应该紧密地

---

[1] "在自由的名义下，罗马人和希腊人都把本国描绘成一个只服从法律、不服从任何人的国家。在那里，法律比人更强大。"〔博须埃（Bossuet）〕——原注

团结在一起。"①

4

　　在法国大革命初期，华盛顿以最深切的同情和焦虑关注着我们法国人的先辈的努力，并自豪地认为，美国做出的榜样与正在发生的事情息息相关，毫无疑问是这样的。塔列朗在回忆录中写道："年轻的法国贵族加入了（美国的）独立事业，后来又坚持了他们为之奋斗的原则。"蓬吉博仍然是保皇党人，憎恨革命，并成了流亡者。他观察到了同样的事实，尽管对发生的事情感到遗憾："我想，罗尚博伯爵的军官们从约克镇回来以后，并没有什么比到乡下去玩玩更好的事了。想想政府那些错误

---

① 《从北美到美国的新旅行》（*Nouveau Voyage dans les Etats Unis de l'Amérique Septentrionale*）（3卷本）。这部著作于1791年4月出版，1790年春天开始印刷，这可以从序言的注释中看出。这部著作被翻译成英语、德语和荷兰语，极大地提高了美国在欧洲的知名度，使其声名鹊起。1789年1月，J.P.布里索回到法国时，他的姐夫弗朗索瓦·杜邦（François Dupont）正驶往美国，定居在自由人之中。弗朗索瓦·杜邦刚登陆，就写信给当时住在柏林的瑞士友人让那雷（Jeanneret），以表达自己的喜悦："我离开欧洲这个被一些小国占据的小大陆。这些小国一心要夺取彼此的财产，导致它们的臣民互相残杀。在无休止的恐惧中，它们忙于勒紧人民的锁链，使他们贫困。我现在所处的大陆从北极延伸到南极，有着各种各样的气候和物产。我处于一个独立的国家之中，这个国家正处在和平中，它为自己设计了最明智的政府。我们在这里不是被一个愚蠢或专制的君主统治……农民、工匠、商人、制造商受到鼓励和尊重，他们是真正的'贵族'……出卖劳动力的人和购买劳动力的人之间的协议是平等的。而且法国人在这个国家很受欢迎。"J.P.布里索：《通信与文件》，第218—219页。——原注

的观念和如同病毒般的博爱观念，这些年轻人在美国感染了这种病毒，又狂热地在法国传播。这种可悲的成功就是因为这种模仿的狂热有力推动了革命，并非出于其他特别的原因。人们会同意所有穿红色高跟鞋的年轻哲学家最好还是待在宫廷里，为了他们好，也为了我们好……他们每个人幻想自己将被邀请扮演华盛顿的角色。"当被邀请加入拉法耶特侯爵和他在海外的战友们的行列时，蓬吉博拒绝了。"有人说得对，革命的困难不在于履行责任，而在于知道责任在哪里。我尽了我所能，因为我知道我的职责在哪里。"蓬吉博和王子们一道移居国外。[①]

华盛顿了解美国带来的影响，而且可以推测，他的观点更接近于塔列朗，而不是蓬吉博。他在给托马斯·杰斐逊的信中说："我很高兴听到名人大会在法国颇有成效……的确，美国革命以来，人类的权利、人民的特权和真正的自由原则似乎在整个欧洲得到了比以往任何时期都更广泛的讨论和更好的理解。"[②]

作为一名政治家，华盛顿对这场非同寻常的巨变的关注是最值得称道的。从一开始，他就觉得这种变化不会仅仅是局部的，而是会产生世界性的影响。事实上，人类开始了一个新时代。他在写给拉吕泽纳伯爵的信中说道："一种政治改良的精神

---

① 《蓬吉博骑士回忆录》，1827年，第105、132页。当时，拉法耶特侯爵的前同伴认为君主制已经在法国重新确立，并将永远延续下去。——原注
② 此信写于1788年1月1日。——原注

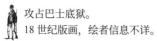 攻占巴士底狱。
18 世纪版画，绘者信息不详。

似乎迅速而广泛地传遍了欧洲各国。看到人类的状况比以往任何时候都幸福，我将为之欢欣鼓舞。但掌舵的人要小心，不要在创新方面过于急功近利。"[1]

早在事件发生之前，当一切都充满希望和欢乐的时候，华盛顿也同样清楚地预见到，要想在这样一种和平、渐进、不流血的发展中纠正许多长期存在的、已经酿成仇恨的恶行几乎是不可能的。然而，作为法国人的朋友，他会很乐于看到这样的结果，甚至在革命开始之前他就用动人的语言向拉法耶特侯爵表达过自己的愿望，希望这是循序渐进的过程："如果要我提建议，我觉得，双方都应谨慎行事……这样一种精神似乎在王国中被唤醒，如果谨慎应对，可能会产生一种循序渐进的革命，对臣民非常有利。"[2]

运动开始了，巴士底狱陷落了。拉法耶特侯爵把监狱钥匙交给了他的前长官华盛顿。他写道："作为养父的儿子，作为将军的副官，作为代表自由的传教士，这是我对他的敬意。"华盛顿表示感谢，并把钥匙放在弗农山庄。钥匙现在还在山庄，是自由战胜了专制的象征。[3]

这个开端就预示了美好的前景。这位伟大的领袖充满了钦

---

[1] 1790年4月29日，写于纽约。——原注
[2] 此信写于1788年6月18日。——原注
[3] 拉法耶特侯爵的信写于1790年3月17日，华盛顿回复于1790年8月11日。钥匙是通往主入口的，而巴黎卡纳瓦莱博物馆的钥匙能打开巴士底狱的几座塔楼。——原注

佩、敬畏和忧虑之情。1789年10月13日，华盛顿总统给时任美国
驻法国公使的古弗尼尔·莫里斯写了这样一段预言："法国发生
的革命，性质如此奇妙，以至人们很难意识到这一点。如果革命
像我们1789年8月1日的报道所预测的那样结束，这个国家就将成
为欧洲最强大、最幸福的国家。但我担心，虽然它成功地度过了
第一次危机，但在事情最终解决之前，还会再次遇到危机。总而
言之，革命的规模太大了，不可能在这么短的时间内，以这么少
的流血牺牲就完结。国王遭受的屈辱、王后的阴谋及王子和贵族
的不满，都有可能会在国民议会中煽动分裂。'人民无法无天'
也同样令人忧虑。要避免从一个极端跑到另一个极端不是一件容
易的事。如果是这样的话，目前看不见的礁石和浅滩都可能会使
船沉没。"①

　　与此同时，这场变革的宏伟和重要性也使华盛顿惊叹。1790
年4月29日，他写信给拉吕泽纳伯爵，说道："的确，整个事情
在开始的时候是如此不平凡，发展过程又是如此奇妙，结果也
可能如此惊人，以至我几乎陷入迷思了。然而，有一件事您可
以完全放心，那就是，没有人比我更渴望这件事圆满成功，也

---

① 杰瑞德·斯帕克斯（Jared Sparks）在他编辑的《著述》（*Writings*）
　中，在这个关于恐怖及伟大希望破灭的非凡预言之外，又让华盛顿增加
　了一个关于拿破仑·波拿巴统治的预言，将其描述为"比以前存在过的
　更高调的专制"，但这是杰瑞德·斯帕克斯所做的润色之一。此人"预
　言"了一场政变，因为他是在事件发生后才编的这本书，他认为可以在
　这位伟人的信件中随意使用这种修饰手法。——原注

没有人比我更真诚地祝愿法国繁荣昌盛。"这封信在前文中曾引用过。华盛顿给另一位通信人格雷厄姆夫人（Mrs. Graham）写信时，把这场变革描述为"人类历史上最奇妙的事件之一"。直到1792年10月20日，他还在给古弗尼尔·莫里斯先生的信中这样说："我们只能再次真诚地祝愿，希望如此重要的革命中的难以避免的流血牺牲，能给法国民族和整个人类带来更多的幸福。"

在这场空前危机的整个过程中，华盛顿的法国朋友们一直向他通报事件的情况及他们的希望和恐惧。拉法耶特侯爵的信已经印刷了；罗尚博伯爵自己用英语写的信件还没付印，而其中大多数内容都引起了人们极大的兴趣。法国将军罗尚博伯爵早就预见到，由于滥用权力、少数人的过度特权、多数人的负担、日益严重的行政失当，特别是自从雅克·内克尔被"一个叫加隆（Calonne）的愚蠢恶棍"取代以后，法国有必要进行深刻的改革。[①]也许国民议会将通过制定一部宪法来提供适当的补救办法："我非常希望国民议会恢复我们的财政，并巩固一部好的宪法。"[②]但他对"贵族们"的意愿持怀疑态度。

作为议会的成员，罗尚博伯爵本人认为并不存在贵族、神职人员和第三等级这三个等级，实际上只有两个等级："有特权的人和没有特权的人"。根据法律和惯例，按照个人财产或地位进行投票，两个享有特权的阶层总是投出同样的票，所以永远占

---

① 1787年5月12日写于巴黎，参见《华盛顿文集》，国会图书馆。——原注
② 1789年4月3日写于加来。——原注

优势。罗尚博伯爵告诉华盛顿，就他本人而言，他投票支持第三等级的平等代表权："您可以相信，您的学生拉法耶特侯爵也投了同样的票。我们这里有很多贵族，他们非常热衷于延续这种陋习。"①

罗尚博伯爵同意华盛顿的观点，即为了稳妥起见，革命应该放缓推进的节奏，但这个国家的怒火已经被煽动起来了，而且是熊熊怒火。他写道："亲爱的将军，您还记得我们在罗德岛一起吃的第一顿饭吗？我让您从喝汤来看两国人性格的不同。法国人喝热汤，烫得喉咙痛；而所有的美国人都在明智地等待汤凉下来。我相信，亲爱的将军，您已经看到，一年来，我们国家的本性没有改变。我们走得很快，愿上帝保佑我们能得偿所愿。"②

然而，在罗尚博伯爵最焦虑的时刻，他很高兴地记起了已故的普鲁士国王，即腓特烈大帝的话。腓特烈大帝考虑的是，法国是什么，遇到了什么危险和不幸，隐藏的力量来源是什么。他曾经对认可他的法国大臣说："我是在法国的不幸中成长的，我的摇篮周围都是流亡的新教徒。大约在路易十四统治末期与奥尔良公爵摄政初期，时代告诉我，法国正处于水深火热之中，存在的时间不会超过三年。在我执政期间，我就知道法国人有一股怨气，任何强硬的大臣或将军都不能安抚，而宪法已经使这股怨气更盛，只

①　1789年7月31日写于巴黎。——原注
②　1790年4月11日，罗尚博伯爵写于旺多姆。——原注

有时间和严格的管理才能将其平息。"①

事态在继续推进，尽管法国的其他一切都在改变，但人们对华盛顿和美国的感情却没有改变。这两个国家比以前更亲近，并表现在许多方面。富兰克林去世后，国民议会根据米拉博的提议哀悼了三天。我们1791年的第一部宪法已经提交给美国政府华盛顿总统，法国大臣告知路易十六："根据陛下的命令，一份宪法和陛下给国民议会的信函的副本已经交给了华盛顿和托马斯·杰斐逊先生。华盛顿已收到了国王的信，表示非常满意。"②汤姆·潘恩（Tom Paine）虽然是美国人，或者说正因为他是美国人，好几个部门都推选他为大会成员。他列席会议，但因为不懂法语，就让人翻译并朗读他的发言稿。他在法国第二部宪法——1793年共和宪法的起草过程中发挥了重要作用。作为自由的神圣象征，美国国旗被陈列在大会召开的大厅里。听取了美国公民的请求后，共和国成立的第二年，一项非常特别的法令在这个大厅颁布了。在每个人都有可能被捕的年代，这项法令规定"凡是美国公民的妻子，无论出生在何处，都应豁免于逮捕外国人的法律"。

与此同时，美国也像法国一样，庆祝7月14日，认为这一天标志着人类发展的一个新进步。法国公使泰尔南在这次庆典

① 1787年5月12日，巴黎。——原注
② 1792年3月13日，费城，泰尔南写给蒙莫兰（Montmorin）的信。《法国大臣信札》，特纳主编，华盛顿，1904年。——原注

上，向迪穆里埃（Dumouriez）做了热情洋溢的讲话："我非常满意地告诉您，尽管我们的第一次军事行动并未获得全胜，但在这个周年纪念日到来之际，美国人对法国、对法军成败的挂念让我十分感动。您将从附随此信的公报和报纸上看到，几乎所有联邦城市都表现出同样的情感。人们以同样的热情庆祝7月14日，就像是庆祝美国独立纪念日7月4日一样。"①

对美国总统本人而言，法国人对他的崇敬与友谊倍增。同年，即共和元年（1792年），公约授予华盛顿"法国公民"头衔，他被誉为"人类的恩人之一"。法国军官们联合起来为华盛顿夫人献上了一套餐具。每件餐具的中央都装饰着一颗星和她名字的首字母；刻着每个州名字的勋章环绕周围；外围有一条首尾相接的蛇环绕着，象征着永恒。

法国的戏剧家们迫不及待地要把华盛顿这位伟人塑造成亚历山大诗体中的悲剧英雄。1791年7月13日，M.德·索维尼（M. de Sauvigny）所著的《华盛顿与新世界的自由》，首次在国家剧院（当时称为"法国剧院"）上演。当时的法国驻美国大使，我的一个不知名的前辈，在这出戏结束时对华盛顿、富兰克林、美国国会、全体美国人民大加赞美：

法官们的勇敢震惊了整个世界，

---

① 此信写于1792年7月28日。——原注

> 他们在暴风雨中平静，在逆境中伟大，
>
> 你知道，通过明智的协调，
>
> 美德造就了一个民族，一个国家。

在评论其剧本所叙述的事件时，该剧作者以一种附言的形式，真心实意地说："伟大的美国革命是更伟大的观念上的革命的首要结果。"在评论中找不到任何对英国人的敌意。

灿烂的日子过后，接踵而来的是阴郁的日子。过去的恶行、来自国外的危险、普遍的苦难、情绪的宣泄，都不利于华盛顿最初建议的冷静、节制行事。热内[①]已经接替泰尔南任法国代表，尽管他在俄国担任临时代办时积累了一些外交经验，而且在某种程度上，他是一个有才干的人，在瑞典和芬兰问题上是一位权威，但他一登上美国大陆就完全昏了头，事实的确如此。尽管后果严重，但他那些高高在上、自鸣得意、自我吹捧的信，读起来还是惹人发笑："我的旅程（从查尔斯顿到费城）一直都有美国公民热烈的迎接活动。我进入费城时就如同凯旋，美国人真是乐坏了。"[②]

在接下来的几封信中，热内坚持并得意扬扬地称赞自己无可

---

① 即埃德蒙-夏尔·热内（Edmond-Charles Genêt, 1763—1834）。——译者注

② 1793年5月18日，费城。《法国大臣信札》，特纳主编，华盛顿，1904年，第214页。——原注

匹敌的功绩："整个美国都承认我是法兰西共和国的公使……天天都有迎接我的盛宴。我收到来自大陆各地的信件。我高兴地看到，我的谈判方式使美国同胞们很满意。我有理由相信，对各方来说，由我来承担全民公使都是一件幸事。兹随函附上一些美国公报，与本人有关的文章都已做了标注。"

热内受到了反联邦主义者的吹捧，他们想利用他达到目的。热内对上了年纪的华盛顿缺乏敬意，并声称："现在的华盛顿容不得别人的功绩超过自己，与被历史铭记的华盛顿判若两人。"他还轻蔑地叫嚣：华盛顿不过是个"费耶特主义者"[1]。热内匪夷所思的言论远不止如此，他还说："同时，我正在为西印度群岛提供物资；我激励加拿大人去打破英国的束缚；我指使肯塔基人（Kentukois）武装起来，并筹备一次海上远征，在新奥尔良登陆。"[2]

事实上，他在美国的海域里装备了一大批海盗船，并得意扬扬地给它们取诸如"无套裤汉、反乔治者、爱国者热内、巴士底狱的胜利者、小民主党人"之类的名字。

他取得了胜利，他赢得了光荣，他聆听吹捧自己的演说，他阅读赞美自己的文章，他"被蜂拥而来的人群紧紧拥抱"。热内在海军和陆军方面的成功都很短暂。与目前的看法相反，"费耶

---

[1] 指法国大革命期间拉法耶特侯爵的支持者。——译者注
[2] 1793年5月31日和6月19日。《法国大臣信札》，特纳主编，华盛顿，1904年，第216—217页。——原注

特主义者"华盛顿的义愤填膺与热内的覆灭毫无关系。法兰西共和国外交部部长收到这位外交官的第一封来信后，就主动写信给他。

"我知道你受到了热情好客、心胸开阔的美国人民的欢迎，你的上一任使者也受到了同样友好的接待……因此，你幻想着，领导这个民族的政治行动并使他们加入我们的事业。你利用查尔斯顿当局对你的恭维，在得到美国政府的认可之前，不，是肯定的反对之前，就私自武装海盗、组织征兵、惩罚奖赏，这合适吗？你本该服从共和国执政官康塞尔（Conseil）的指示，但你阳奉阴违。上级派你去代表政府，而不是去结党营私；派你去做法兰西共和国的发言人，而不是去做美国政党的领袖。"这位外交官与华盛顿的关系和法国当局所希望的恰恰相反："你说华盛顿容不下你的成功，他会千方百计地阻碍你的行动。你说自己被命令与美国政府交涉，只有那样做你才能获得真正的成功，而其他的都是虚幻的，与国家的利益相悖。你被虚假的声望冲昏了头脑，疏远了你唯一应该依赖的美国人民。如果你的行动受到阻碍，那完全是你咎由自取。"[①]

当这封信慢慢地漂洋过海的时候，热内写的其他信也在寄往法国的途中，是同样喜气洋洋的风格。他继续对自己的成功沾沾自喜，并毫不留情地谩骂所有的联邦主义者，认定他们在

① 1793年6月19日。《法国大臣信札》，特纳主编，华盛顿，1904年，第230页。——原注

实施暴政。

在那可怕的日子里，巴黎的人们不赞成折中办法。为了不在无用的书信往来中浪费时间，公共安全委员会颁布了新法令，决定派委员小组到费城。该委员小组有权否决热内的犯罪行为，解除他的"无套裤汉"①号及其他海盗船的武装，并撤销所有参与这种武装的执政官……至于热内本人，他将被逮捕并遣送回法国。这项法令的签署清楚地表明了这种逮捕意味着什么："巴雷尔（Barère）、埃罗（Hérault）、罗伯斯庇尔（Robespierre）、比约-瓦雷纳（Billaud-Varennes）、科洛·德尔布瓦（Collot d'Herbois）、圣茹斯特②"。③

热内比任何人都更清楚这意味着什么。但那个他曾伤害过的政府却很宽宏大量，并保护着他。国务卿兰道夫④拒绝将他逮捕，并说道："我们希望他被解雇，而不是获得这种惩罚。"热内急于从一个"如此难以取悦"的国家脱身，他入籍成了美国人。尽管有种种缺点，但他并非一无是处，他受到不少家族的欢迎，尤其是反联邦党领导人、纽约州州长克林顿将军一家。热内娶了克林顿的女儿，成了一位受人尊敬的公民和农学家。他的

---

① 无套裤汉或长裤汉，是18世纪末法国大革命时期流行的对城市平民的称呼。——译者注

② 即路易-安托万-莱昂·德·圣茹斯特（Louis-Antoine-Léon de Saint-Just，1767—1794）。——译者注

③ 1793年10月11日。《法国大臣信札》，特纳主编，华盛顿，1904年，第287页。——原注

④ 即埃德蒙德·兰道夫（Edmund Randolph，1753—1813）。——译者注

名字又一次以最体面的方式出现在公报上。那些赞扬他的文章使他十分高兴。1834年，他在纽约州的斯科达克（Schodack）去世。在当前的战争中，他的后代中有人为国应征入伍，并因骁勇善战而为这个姓氏增光添彩。

前法美联军总指挥在最后几年里因困难、麻烦及与美国政党和法国人的争吵而感到难过。1794年11月19日，美国与英国签订的《杰伊条约》（Jay's Treaty）掀起了一场风暴："目前，反对该条约的呼声就像反对一条疯狗。每个人都在以某种方式抨击它……用得最多的措辞就是'背信弃义'，因为这样说最能触动大众的神经。用批评者的话说，这就是违背了美国同法国的约定。"[1]反联邦主义者很愤慨。法国人也很不高兴，他们没得到什么好处。此外，他们希望被允许在美国港口出售战利品的愿望破灭了，这加剧了他们的不满。反对派的媒体是难以形容的恶毒，而这位伟人悲伤地承认他永远不会相信这些。他说："我执政的每一个举动都会受到拷问，遭到最阴险、最恶毒的歪曲，被人用极其夸张和不体面的措辞只把话题的一个方面说出来。这样的措辞都不可能用在那个臭名昭著的古罗马暴君尼禄（Nero）身上，甚至也不可能用在一个普通的小偷身上。"[2]

终于到了他彻底隐退到弗农山庄的时候了。他来时，已是个悲壮而庄严的老人。他渴望最终成为一个农夫，别无他求，从此

---

① 1795年7月29日，华盛顿致亚历山大·汉密尔顿的信。——原注
② 写给托马斯·杰斐逊的信，1796年6月6日。——原注

再也不到离家"二十英里"以外的地方。"每年磨点面粉，卖掉一些；修理快要毁坏的房屋，再盖间房装我的那些公共文件；干干农活，消遣消遣。这就是我这几年要过的日子，我还得活下去。"①

　　他在给麦克亨利（McHenry）的一封信中为我们描绘了弗农山庄日常生活的美好图景，他的愿望是在这平常的生活里终老一生。他想知道说什么才会引起战争部长的兴趣，他写道："我可以告诉他，我日出而作。如果我的雇工没有准时出现在他们该出现的地方，我会慰问他们，为他们的身体不适感到难过。一切都步入正轨之后，我进一步仔细检查，越是检查仔细，我越觉得房子的所有破损都是八年没有维护修缮造成的。等我干完活儿，早饭就准备好了（七点刚过一点儿，我想大概正是您向太太告别出门的时候）。这一切结束后，我骑上马，绕着我的农场转上一圈，直到我换好衣服准备吃饭。骑马时遇到的陌生人几乎都是冲着我来的。正如他们所说，他们是出于对我的尊敬而来。请问，是不是也可以换成'好奇'这个词呢？这与跟几个朋友在一起开心聚会可太不一样了！在桌前坐坐，散步，喝茶，直到黄昏，点上蜡烛。此前，如果没有人打扰，我决定一旦天黑下来，那闪烁着微光的蜡烛亮起，我就要回到书桌前，回复收到的来信。可是，当蜡烛亮起的时候，我感到很累了，不太愿意再干活，想着第二天晚上干也可以。就这样，明日复明日……

---

① 写给奥利弗·沃尔科特（Oliver Wolcott）的信，1797年5月15日。——原注

华盛顿隐退到弗农山庄, 成了一个农夫。
朱尼厄斯·布鲁特斯·斯特恩斯绘。

"你可能会惊讶，在我描述的细节中，没有提到任何分配给阅读的时间。没错，自从告老还乡，我一本书也没读过。直到我把工人遣散为止，我可能都读不了书，也许冬天来临时，我可能要读《末日审判书》（*Doomsday Book*）了。"[①]

这个用真实而迷人的笔调描述的静修之地，几乎使人想起威廉·柯珀（William Cowper）那些熟悉的信。但华盛顿在这里没清净几年。很快，麻烦就像先前那样来敲门了。曾经一度，似乎这位前法美联军总指挥将不得不领导美国人对抗法国人。尽管他要亲自指挥准备工作，但他不相信真的会发生战争："我从来没有因为要同法国开战而惊慌过。"[②]不过，他认为督政府统治时期的法国，逐渐倒退到了那个他仅通过理查德·斯蒂尔和乔瑟夫·艾迪生了解的法国及《旁观者》（*Spectator*）第143期描述的法国。

他辞世时，并不知道战争的阴云很快就会消散。下一个将载入美国史册并确保美国伟大地位的重要事件将同样来自法国人民。法国人割让的不是新奥尔良，而是当时被称为路易斯安那的广袤领土，这是始料未及的。此外，虽然华盛顿对法国人的感情发生了变化，但法国人对他的感情始终如一。

1799年12月14日，星期六，有消息传来，伟大的领袖去世

---

① 写于弗农山庄，1797年5月29日。——原注
② 写给T. 皮克林（T. Pickering）的信，1797年8月29日。——原注

了。[①]法兰西共和国开始哀悼。十天里，警察身着黑纱，降半旗。国家元首，年轻的拿破仑下达了命令，他说："华盛顿走了。这位伟人与暴政做斗争。他在安全的基础上建立了国家的自由。对法国人民而言，对新旧两个世界的所有自由的人而言，特别是对法国士兵而言，对华盛顿的记忆将永远是珍贵的。法国士兵像华盛顿和美国士兵一样，现在为平等和自由而战。"

于是，荣军院（Invalides），也就是当时被称为"马尔斯神殿（Temple of Mars）"的地方，举行了一场令人印象深刻的无与伦比的仪式。巴黎驻军排列在道路两侧。包括拿破仑在内的法国所有重要人物都出席了。当时最著名的演说家丰塔纳（Fontanes）为已故领袖致悼词："华盛顿的工作已经尽善尽美，已经被一种崇敬包围。这种崇敬通常只授予被时间奉为神圣的人和物。与我们同时代的美国独立战争现在似乎得到了永久的巩固。华盛顿励精图治，开创了它，又殚精竭虑，实现了它。向华盛顿公开致敬，法国是在偿还新旧两个世界欠他的情。"

悼词的第一句话很得体地将正与法国交战的英国与我们法国

---

① "没有人比我更悲伤"，拉法耶特侯爵得知这个消息后，给克雷夫科尔写了一封信。克雷夫科尔刚刚把他的《宾夕法尼亚远航》献给华盛顿，扉页上装饰着一幅华盛顿的肖像，写着："1789年，布雷汉夫人（Madame Bréhan）在纽约创作的浮雕画。"克雷夫科尔想给拿破仑一本自己的书。"送去吧，"他的一个认识这位年轻将军的朋友对他说，"这是你作为协会准会员的权利。再附加一封两三行字的信，提到华盛顿的名字。"罗伯特·德·克雷夫科尔：《圣约翰·德·克雷夫科尔》，1883年，第399页。——原注

人对伟人的敬意融合在了一起。丰塔纳说道："最近，那个曾把华盛顿称为叛逆者的国家，现在却将美国的解放视为几个世纪以来公认的最神圣的事件之一。这是伟人的丰功伟业。"①

华盛顿的半身像矗立在教堂正厅中央位置，四周环绕着旗帜和桂冠。多年前，在费城的独立大厅，也就是现在有题词标记的地方，约克镇的旗帜被放在国会议长及法国公使杰拉德·德·雷内瓦尔的脚下。现在，拉纳将军（General Lannes），这位未来的元帅，走上前来，说了一些得体的话。法国军队从敌人手中夺来的九十六面旗帜摆在华盛顿的遗像前。

随即，一个计划出台了——在巴黎制作一尊华盛顿的雕像（巴黎现在有华盛顿的两尊雕像，其中一尊在凡尔赛宫，都是来自美国的礼物）。这个计划在动荡的岁月未能实现。塔列朗制定了一项法令，以此为契机，追忆法国与美国之间的交情。"美国肯定会是一个伟大的国家，甚至是世界上最有智慧、最幸福的国家。这个国家在哀悼逝者，因为他为这个国家奉献最多，他凭借自己的勇气和天才，为自己的民族打破了桎梏，赢得了独立……给人类带来荣耀的最高尚的生命之一刚刚逝去……华盛顿永垂不朽，他享有无上荣光；这个民族的子孙后代将会继往开来，将其发扬光大。"

---

① "1800年2月8日，华盛顿葬礼悼词于马尔斯神殿（即荣军院）被宣读"，首次收录于《丰塔纳》（Œuvres de M. de Fontanes）（2卷本），巴黎，1839年，第2卷，第147页。——原注

整个19世纪，夏多布里昂^①、拉马丁^②、基佐^③、科内利斯·德·维特（Cornélis de Witt）、拉布莱依^④、约瑟夫·法布尔（Joseph Fabre），还有许多其他的法国思想家和作家都在互相赞美和钦佩。1791年，夏多布里昂曾在费城见过这位伟人，并在《美国游记》中插入了著名的拿破仑·波拿巴与华盛顿的相似之处的对比："华盛顿的共和国依然存在；拿破仑·波拿巴的帝国已不复存在，他的帝国只存在于法国人拉法耶特侯爵^⑤第一次和第二次去美国的旅程之间。在这个法国人眼中，美国是一个充满感激的国家，他曾在这里为一些受压迫的被殖民者而战……华盛顿的名字将伴随着自由，世世代代流传下去，它将标志着人类新时代的开始……他的名声就像圣所，为人们流出不竭的泉水……如果在拿破仑的英雄气概上再加一点宽宏大量，如果他与华盛顿处于同一时代，那么他在世界上的地位会怎样呢？他会指定'自由'为他荣誉的'继承者'吗？"

1848年，阿尔方斯·德·拉马丁接待了一个意大利代表

---

① 即弗朗索瓦–勒内·德·夏多布里昂（François-René de Châteaubriand, 1768—1848）。——译者注
② 即阿尔方斯·德·拉马丁（Alphonse de Lamartine, 1790—1869）。——译者注
③ 即弗朗索瓦·皮埃尔·纪尧姆·基佐（François Pierre Guillaume Guizot, 1787—1874）。——译者注
④ 即爱德华·拉布莱依（Édouard Laboulaye, 1811—1883）。——译者注
⑤ 拉法耶特侯爵的美国之旅。——原注

团，要求他们以记得马基雅维利^①为耻，而以记得华盛顿为荣："他的名字是现代自由的象征。世界不再需要征服者，不再需要政治家，而是需要最大公无私的人、最甘于奉献的人。"基佐在巴黎出版了关于美国第一任总统和最初的十三个殖民地的著名研究报告。为了纪念这件事，1841年，希利（Healy）应邀为这位法国政治家画了一幅肖像，并将它赠送给华盛顿市。此画目前保存在美国国家博物馆里。

美国和美国人在法国如此受欢迎，伟大的自由主义者爱德华·拉布莱依做出了巨大贡献。在法兰西第二帝国初期，他出版了在法兰西学院发表的一系列演讲，并在序言中写道："华盛顿建立了一个明智而有序的共和国，他留给后世的，不是通过致命犯罪获取胜利的'典范'，而是爱国主义和美德的典范。在不到五十年的时间里^②，由于自由的强大活力，我们看到了一个强国的崛起。它的基础不是征服，而是和平与工业。它如果仍然忠实于创建者的理想，并且它的抱负不妨碍它财富的发展，19世纪末它将会成为文明世界里最了不起的国家，它将为世界呈现共和国的壮丽景象。它的一亿居民，比旧世界的君主更富有、更幸

---

① 即尼可罗·马基雅维利（Niccolò Machiavelli，1469—1527）。——译者注
② 准确证明了拉克雷泰勒的预言。——原注

福、更辉煌。这一切都是华盛顿的功劳。"①

在更接近我们的时代，研究圣女贞德（Joan of Arc）的著名历史学家约瑟夫·法布尔写道："这位圣人是个奇迹。他热情又有理性，他深思熟虑又无惧无畏，他有条理又坚韧不拔，他谨慎又有勇气。面对国外的压迫和国内的无政府状态，他都能从容应对，游刃有余。"②

5

现在，法国又建立了一个共和国。这个共和国具有华盛顿希望拥有的"冷静与温和"的品质，我们希望并且相信它将永恒存续。共和国已经持续了近半个世纪——这在欧洲历史上是一个前所未有的现象。两千年前罗马共和国灭亡以来，在旧世界还没有其他如此庞大的共和国存活下来。

假若这位伟人再次来临，我们衷心希望他认为，我们法国人现在配得上他在与我们的先辈并肩奋斗时给予我们先辈的同情。他一生中遵循的大多数主要思想都是我们试图付诸实践

---

① 《美利坚合众国史》（*Histoire des Etats Unis*）（3卷本），前言日期为1855年；这些演讲是1849年发表的。华盛顿是这部著作的主人公。这部著作的内容只延续到1789年。——原注

② 《美国解放者华盛顿》（*Washington, libérateur de l'Amérique*），1882年，多次重印。"为了纪念拉扎尔·奥什（Lazare Hoche）。他如果活着，就会成为我们的华盛顿。"——原注

的。当然，我们也有自己的缺点。我们知道这些缺点，别人也知道。我们的习惯不是遮掩它们，绝对不是。但愿这可以作为一个借口，让我们在此回顾一些不会引起指责的内容。

"人人机会均等"，它引起了早期来自法国的拜访者对这个国家的钦佩，它是华盛顿为之奋斗的主要目标之一，并且至今仍然是该国吸引移民的主要原因之一。它在法兰西共和国也得到了保障：这里没有任何特权，人人都有选举权，所有人都同样交税，而且每个人都应该服兵役。在华盛顿看来，没有任何原则比"平等自由"更重要。"如果敌人的预言被证实了，他们会多么趾高气扬啊！"华盛顿曾在萧条时期写信给约翰·杰伊（John Jay），当时他担心热内所谓的"独裁统治"有增强的趋势。"专制主义的拥护者发现我们自顾不暇，他们认为建立在平等自由基础上的制度仅仅是理想和谬误，他们觉得自己胜利在望。"[1]

在法国，正如在美国一样，权力的唯一来源是人民的意志。在我们寻求解决当今世界所面临的重大问题，即资本与劳动关系问题的过程中，我们努力践行今天一位政治家的崇高格言："资本必须运转，劳动必有收获。"尽管我们仍未实现这一目标，但我们朝着这一目标前进了很多。现在，法国每两个选举

---

[1]　此信写于1786年8月1日。——原注

人中就有一个拥有自己的住宅。①

　　教育的发展是华盛顿最珍视的理念之一，现在他的后代们依然如此。1790年，他在对国会两院的演讲中说："你们将会同意我的观点，没有什么比促进科学和文学更值得赞助的了。在每个国家，知识都是幸福的最可靠的基础。"在共和国统治下的法兰西，所有人都必须接受教育，并且是免费教育。每一个村庄，不管是在山谷还是在深山，都有自己的学校。在法兰西第二帝国时期，国家用于初级教育的开支只有一千两百万法郎；而现在，仅学校教师的工资就比这高出了二十倍。我们努力遵守古老的原则：我们应该向所有人免费提供三样东西——空气、水和知识。因此，在索邦学院、在法兰西学院、在法国的地方大学，要想学习最好的课程，你所要做的就是推开教室的门。哪怕只是为了在冬天取暖，或在夏天避雨，大街上的人只要愿意，也可以进来。"让他来吧，也许他会听的。"

　　华盛顿睿智，富有前瞻性，非常重视发明创造。在1790年1月9日向国会发表的讲话中，他说："我情不自禁要鼓励你们采取有效措施，从国外引进新的、有用的发明，同时，国内也要促进发明和技术的产生。通过对邮局和邮路的适当关注，来促进我国偏远地区之间的沟通交流。"

---

① 据估计，法国小块土地拥有者的人数比德意志、英格兰和奥地利的土地拥有者的总和还多。《[美国]教育委员报告》（*Report of the [U.S.] Commissioner of Education*），1913年，第714页。——原注

美国的疆土日益扩大，与此同时，交通及通讯的方式也增加了，这很有意义。我们相信，在邮路方面，要解决的问题不那么困难；再加上与国家领土范围一样广泛的农村运输系统，我们就能"通过这位伟人的考核"。至于发明，我们希望富兰克林、罗伯特·富尔顿（Robert Fulton）、惠特尼^①、霍勒斯·威尔斯（Horace Wells）、W.T.G.莫顿（W. T. G. Morton）、莫尔斯^②、贝尔^③、爱迪生^④、莱特兄弟（Wright brothers）等，都认为我们的表现是值得信赖的。我们有雅卡尔（Jacquard）的织布机、安培^⑤的电流定律、塞甘^⑥的管状锅炉、索瓦热（Sauvage）的螺丝、涅普斯（Niepce）和达盖尔（Daguerre）的摄影术、雷纳德（Renard）和克雷布（Krebs）的第一艘飞艇、卢米埃尔（Lumière）的电影摄影术、居里夫人^⑦的镭。还有汽车，就像19世纪的铁路一样，汽车正在改变我们的生活方式（使过度集中的国家分散开）；更重要的是，这对所有人都很有益。更

---

① 即伊莱·惠特尼（Eli Whitney，1765—1825）。——译者注
② 即萨缪尔·莫尔斯（Samuel Morse，1791—1872）。——译者注
③ 即亚历山大·格雷厄姆·贝尔（Alexander Graham Bell，1847—1922）。——译者注
④ 即托马斯·爱迪生（Thomas Edison，1847—1931）。——译者注
⑤ 即安德烈-玛丽·安培（André-Marie Ampère，1775—1836）。——译者注
⑥ 即马克·塞甘（Marc Seguin，1786—1875）。——译者注
⑦ 即玛丽·居里（Marie Curie，1867—1934）。——译者注

有谢弗勒尔[①]、弗卢朗（Flourens）、克劳德·伯纳德（Claude Bernard）、拉韦朗[②]、贝特洛[③]，尤其是巴斯德[④]。

保护自然资源最近才引起了如此多的关注，而华盛顿早已拿定了主意。我们也是。我们的观点在某些方面是激进的，尤其是就矿山而言，体现了法国的原则，即"不属于任何人的东西属于所有人"。每个人都必须了解这个国家。关于这个问题和解决这个问题的最佳方法，华盛顿曾经向国会总统发出强有力的呼吁，他说："先生，您认为，把属于美国国土的所有矿井、矿物和盐泉留待特别出售，有什么不妥吗？这样一来，公众，而不是少数知情人，就可以在不违反我所知道的任何正义规则的情况下，从出售过程中获益。"[⑤]

华盛顿已经制定了如何对待原始民族的规则。他在给拉法耶特侯爵的信中写道："在我与这届政府打交道的这段时间里，我们在处理与印第安人相关的事务时，必须始终是公正的。我们同

---

① 即米歇尔·欧仁·谢弗勒尔（Michel Eugène Chevreul, 1786—1889）。——译者注

② 即夏尔·路易·阿方斯·拉韦朗（Charles Louis Alphonse Laveran, 1845—1922）。——译者注

③ 即马塞兰·贝特洛（Marcellin Berthelot, 1827—1907）。——译者注

④ 即路易·巴斯德（Louis Pasteur, 1822—1895）。——译者注

⑤ 1784年12月14日，写给理查德·H. 李（Richard H. Lee）的信。关于法国在这方面的努力，总领事斯金纳（Skinner）写道："如果记者们能像理查德·H.李那样，深入到这个国家几乎人迹罕至的山村，并在那里发现热情的法国林业工人在劳作——他们把科学的方法应用到两三百年前无法完成的工作中。这时记者们会满怀钦佩和惊讶地退出，并把其中的经验带回美国。"《每日领事报告》，1907年11月2日。——原注

他们的谈判和交易，虽然很多都是小规模的，但应该遵循一贯的平等原则。"在和巴尔的摩天主教大主教约翰·卡罗尔（John Carroll）对谈时，他再次说道："确保我们原始部落邻居的永久忠诚的最有效方法是让他们相信我们是公正的。"

我们自己要坚信这些原则是正确的，应该推行。

关于华盛顿，有一点是非常确定的：这位人类的领袖、斗士、战争的胜利者，厌恶战争。当然，他希望他的国家，正如我们所希望的那样，永远不要缺少一所军事学院（我们法国的"西点军校"是圣西尔军校），也永远不要缺少一支强大的常备军队，就像1796年他在向国会发表的讲话中所说的那样："无论一个国家的总政策多么和平，它都不应该没有足够的军事知识储备来应对紧急情况……战争往往不取决于自己的选择。"关于这一点，我们再清楚不过了。

而在华盛顿写给法国朋友的信中，最常出现在他笔下的问题，莫过于应注意避免战争。他最殷切的希望就是，有朝一日，人类的争端可以不用通过流血的方式来解决。罗尚博伯爵曾告诉他，最近出现在欧洲的战争阴云消散了（事实的确如此，但不久后又回来了，并且更具威力）。1786年，华盛顿向罗尚博伯爵表达了喜悦之情，因为他觉得人类正变得"更开明、更人性化"。1785年7月25日，华盛顿在弗农山庄给大卫·汉弗莱斯写了一封信："我的第一个愿望是把这场瘟疫（战争）从地球上驱逐出去，让这个世界的儿女们生活得更愉快、更纯真，而不是忙着准备工具并使用这些工具来毁灭自己。"与其为领土争来争去，不如让地球上的穷人、有需要的人、受到压迫的人和那些想要土地的人，到我们西部肥沃的平原去，那里是上帝许诺的第二方乐土，在那里安居乐业，遵循上帝第一条伟大的诫命。他的梦想是有朝一日人类"情同手足，亲如一家"。①

在这个对全世界都极为重要的问题上，尽管还有许多事情要做，但考虑到法国的情况，我希望我们的共和国应该得到已故领袖的认可。为了寻求比战争更好的手段来解决人类之间的争端，我们确实与美国进行了激烈的竞争（同时也赞赏那些出于善意而发挥作用的帝国和王国）。成功不可能一蹴而就，必须脚踏实地去尝试。伟人会用宽容的态度判断失败，因为他深知设身处地为别人着想。他曾说过："指望通过和平美好的愿望来实现我们的目标是徒劳无功的。"②

而此时此刻，在写下了这些内容的作者看来，正如他所写的那样，他的耳朵里充满了枪炮声、风吹过有舰艇出没的海洋的声音。如果我们的前总指挥看到现在发生的一切及多年前受他领导的那些士兵的后代所采取的立场，他会有什么样的感觉呢？当

---

① 写给拉法耶特侯爵的信，1786年8月15日。富兰克林也有同样的观点，他曾写信给朋友大卫·哈特利（David Hartley），英国的和平全权代表之一："如果我提出一个建议，英国、法国和美国之间签署家族契约，您认为如何？重复的战争是多么愚蠢！你们不想征服和统治彼此，那么，你们为什么还要不断地互相伤害、互相毁灭呢？"写于帕西，1783年10月16日。——原注
② 1782年6月15日。——原注

拉法耶特侯爵告知他，自己最近参观了普鲁士腓特烈大帝曾经作战的战场时，也许他也会这样想："在你经历过的几场战役中，除了其他感觉，肯定会有这种想法，'为了满足当权者们的野心，或者为了维护他们的压迫和不公正行为，已经牺牲了成千上万英勇的灵魂。这真是个令人忧郁的反思！上帝允许这种行径存在是出于什么样的考量呢？'"

我们也许无从知晓。从无情的敌人向美国宣战的那一天起，全体美国人就默默地下定决心，隐忍、团结一致，在一场世界性的冲突中坚持独立和自由的事业。这位领导人可能会在他的私人日记中再次写下他在1781年5月1日写的那几个字。谁知道呢？但有一点我们可以肯定，没有什么能比前总指挥的认可更让我们高兴的了。

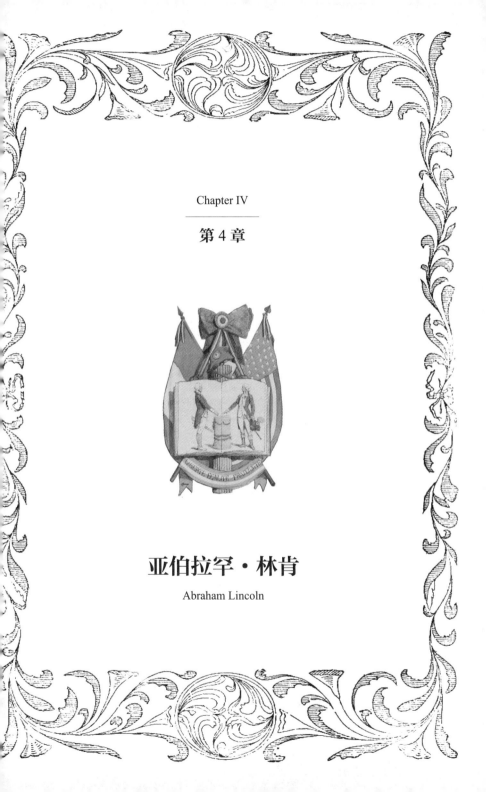

第 4 章

亚伯拉罕·林肯

Abraham Lincoln

美国独立战争和美国内战这两场悲剧，相隔一个世纪。当时的美国，命运都已是岌岌可危：美国会成为一个自由的国家吗？美国还会是一个统一的国家吗？这两种情况下都需要领袖，但要求又大不相同。美国人民很幸运，他们在需要华盛顿的时候拥有了华盛顿；在林肯[①]能够拯救他们的时候拥有了林肯。而这两位领袖无法相互替代。

　　一个世纪的繁荣已悄然褪去，美国迎来了第二次考验。与我们如今所见的相比，当时的美国虽然看起来渺小，但其发展仍十分可观。昔日散乱的殖民地已经成为世界强国之一，疆域从大西洋延伸到太平洋；广袤的大陆已经被开发；新兴的城市点缀着昔日的荒野。1803年，法国自愿割让路易斯安那的领土。这片领土又被分割成十四个州。人们都震惊了。参议院中有许多人都反对批准这项条约，他们认为这可能是祸而不是福。特拉华州的参议员怀特说："关于路易斯安那，这片崭新的、无边无际的土地，如果它被并入这个联邦……我相信这将是目前可能降临到我们头上的最大的诅咒。它可能会带来无穷无尽的麻烦，有一些我连想都不敢想。"

　　参议员担心的是，人们可能会轻易地到密西西比河流域以外的地方去定居，这看起来很可怕，难以置信。当然，他认为应该采取一些措施来防止那些会给政府带来如此重大后果的行为，但当局那些值得称道的尝试很可能会失败。"还不如假装阻止鱼在

海里游动……对每一个了解西方国家发展方式的人来说，这种想法肯定是异想天开。"人们会离开。"要离开的那些人，也在占用我们目前的部分国土。"其结果将是难以言表的："我们的公民将被迁移到距离联邦首都两三千英里之外的遥远的地方。在那里，他们几乎感受不到联邦的光芒，他们的感情将会疏远，他们将逐渐把我们当成陌生人，他们将建立其他的商业联系，我们的利益将变得截然不同。"

条约已经得到了批准。但事实证明，特拉华州参议员怀特的预测是错误的，佐治亚州参议员杰克逊的预测是正确的。杰克逊陈述道，如果移民们都能"在适当的时期再回来，也就是在一个世纪后，他们会发现，路易斯安那并不像人们预测的那样是'荒凉的旷野'，而是'科学和文明的中心'。"[①]事实上，如果这两位参议

---

① 《美国国会的辩论和程序》（*Debates and Proceedings in the Congress of the United States*），第13卷，第33节，1803年11月2日、3日。参议员怀特也反对，认为一千五百万美元的价格太高了。法国全权代表巴尔贝－马尔布瓦曾观察到，要交给美国政府的那些仍未被占用的土地"在一个世纪过去之前，它的价值将达到数十亿美元"。他并不是一个糟糕的预言家。巴尔贝－马尔布瓦还补充说："那些知道两国之间达成完美和解的人，认为美国提出的两千万法郎比法国提出的六千万法郎更有价值。"按照参议员怀特的说法，决定性的动机并不是巴尔贝－马尔布瓦所说的"完美的和解"，而是一种感觉，即路易斯安那在下一次战争中将"不可避免地落入英国人的手中"。"当然会，"后来的贝尔捷元帅反对割让，于1803年复活节在杜伊勒里宫举行的会议上，当着拿破仑·波拿巴的面说，"但汉诺威一样很快就会落入我们的手中，和平之时再来交换……记住，没有殖民地就没有海军，没有海军就没有殖民地。"《路易斯安那史》（*Histoire de la Louisiane*），巴黎，1829年，第295、315、330页。——原注

员能在指定的日期故地重游，他们就能看到圣路易斯博览会了。

进步是持续不断的，现代发明拉近了全国最偏远的地方的距离。电报使"政府的光芒"能够照射到领土的最偏远地区。1863年，非凡的尝试，即第一条横贯大陆的铁路很快就开始施工了，并将在六年后建成。

现在，一切似乎又都不确定了：这个国家年轻、富裕、强大、繁荣、幅员辽阔、资源丰富、没有敌人，但它的命运似乎与塔西佗（Tacitus）所说的那些旧帝国相似，那些没有敌人的帝国，会在自身的重压下土崩瓦解。

在美国的国土上，破坏或分裂的因素越来越多，而憎恶导致勇敢、大胆、坚定维护自己权利的人，戾气越来越重。华盛顿所建的大厦正摇摇欲坠，灾难就在眼前，而这场灾难正是华盛顿本人从一开始就预料到的。他曾想，奴隶制应该逐渐且彻底废除。他在给拉法耶特侯爵的信中说："您最近购买了卡宴殖民地的一处庄园，目的是解放那里的奴隶，这证明了您慷慨而高尚的人性。希望上帝能让这样的精神扩散到我的国家的人民的思想中去，但我对此没抱什么希望。"[①]华盛顿对约翰·弗朗西斯·莫瑟（John Francis Mercer）说道："除非有特殊情况迫使我这么做，我从来没有想过要再买一个奴隶，我的首要愿望是看到一个计划的制定。通过这个计划，整个国家的奴隶制可以缓

---

① 　此信写于1786年5月10日。——原注

慢地、确定地、潜移默化地废除。"①但由于种种原因，新联邦的稳定问题使他感到焦虑不安。他在给W.戈登博士（Doctor W. Gordon）的信中写道："世界各国都知道美国的特点……一旦联邦的纽带断裂，对我们未来的前景来说，一切破坏都将被理解成毁灭性的。以我的拙见，联邦分裂能带来的最好结果是我们将一蹶不振，除非内乱能被我们铭记，并载入史册，让我们引以为戒。"②

可怕的时刻已经来临，势必要载入史册的内战已近在眼前。这时的芝加哥是个中等城市，有十万人口，还不是世界名城。共和党第一次代表大会在此召开，会议的内容是推举总统候选人。1860年5月18日，星期五，我的前辈在一份未发表的报告中向法国政府宣布了这个消息，称林肯先生为"几乎无人知晓的人"。的确是这样的：林肯所在的政党对是否提名他犹豫不决。直到第三次投票时，大会才决定将共和党的命运、废奴运动、联邦的命运托付到这个"几乎无人知晓的人"林肯先生的手中。

历史的探照灯从此开启，照亮了林肯职业生涯中最不起眼的部分。此后，每一件事情都为人所知。他说过的许多话，他和他的听众当时都不觉得有什么重要意义，但现在已经家喻户晓。无数的传记，有的以小册子的形式，有的以书卷的形式，向我们讲

---

① 此信写于1786年9月9日。——原注
② 此信写于1783年7月8日。——原注

述了林肯的事迹：他的外表、他的特质、他的美德及他在世界历史中扮演的角色，不仅是在他那个时代，还包括后世。因为不仅他的人格、他的榜样和他所做的事情的结局在我们中间流传下来，而且他的一些清晰明了、令人难忘、具有指导意义的话语也在人们中间流传。他的思想还活着。

在他当选时，几乎没有人预料到会有这样的未来。多年以后，法兰西学院院士普雷沃–帕拉多尔（Prévost-Paradol）写道："我们都记得，我们怀着焦急的心情等待那位当时籍籍无名的总统的第一句话。他肩负着沉重的使命，他的当选可能预示着国家的毁灭或复兴。我们只知道他出身于社会的最底层；年轻时干过体力活；一步一步从小镇、县、市到州升职。人们喜欢他什么呢？民主社会容易犯下对他们来说是致命的错误。但林肯先生一抵达华盛顿市，他一开口，我们的疑虑和恐惧就烟消云散了。在我们看来，命运本身似乎已经宣布要支持这一正义的事业，因为在这种危急情况下，它给了这个国家一个诚实的人。"

显然，当人们想到新任领袖林肯在重大事务上所受的训练极少及他所要解决的问题的难度是多么惊人时，人们也许会产生惊奇并感到焦虑。为了解决这些问题，林肯一想到这儿，他的心就在流血，因为他不得不战斗，"不是和敌人战斗，而是和朋友。我们本不应该成为敌人！"

没有哪部探险小说比年轻的林肯及其家人的真实故事更刺激了。他们从弗吉尼亚州到肯塔基州，从肯塔基州到印第安纳州，从印第安纳州到新成立的伊利诺伊州，他们必须先砍伐一些木材，然后建造一个无门、无窗、无地板的小木屋，用树叶铺床，一个房间住九个人。林肯的爷爷被印第安人杀害；父亲一事无成，并且他最大的文学成就，是在妻子的教导下完成的，他和莎士比亚的父亲的共同之处在于——"笨拙地写自己的名字"。整个家族的生活，只比鲁滨孙·克鲁索奢侈一点。在这个国家没有道路、没有邻居、没有书籍的地方，未来的总统林肯可以自学成才。这已然是他一生中的第一个伟大奇迹。在当地简陋的学校里，要挤出时间才能上学。他的学生时代，加在一起还不到一年。而在这期间，正如他后来所说，他"学会了如何读、写、算，但仅此而已……直到他二十三岁，他用的最熟练的工具是斧头，而不是笔"①。这件事再次证明，学习与其说取决于老师的教导，不如说是取决于学生的渴望。这种学习的渴望从未离开他。据他自己记录，当上国会议员以来，他"几乎掌握了欧几里得的六本著作"。

　　然而，无论是书本、学校还是与有教养的人交谈，都无法教会他艰苦生活是怎么回事。他每天甚至每时每刻都面临着必须要解决的问题：食物问题、衣服问题、住房问题、疾病问题——"疟疾和热病……使当地居民变得极其消沉"②，除了从

---

① "应朋友之邀而作的小传"，《全集》（*Complete Works*），尼古拉、海伊主编，1905年，第26、27页。——原注
② 《全集》，尼古拉、海伊主编，1905年，第28、29页。——原注

远处邻居那里借来的书，他几乎没有任何书籍可以用来陶冶身心。大多数时候，他对大千世界上正在发生的事情抱有疑惑，于是养成了自己观察—决定—行动的习惯。他后来写道，自己习惯了被未知包围，习惯了遇到意料之外的事情，从小就习惯于生活在一个"有很多熊，林子里有很多野兽"的地方，他愈发变得处事不惊。与其在无用的疑惑中浪费时间，不如立即寻找脱离困境的方法。森林、沼泽和河流对林肯的教诲无法估量。在那里度过了漫长的岁月后，他先在现已消失的新塞勒姆（New Salem），然后在斯普林菲尔德（Springfield）和伊利诺伊州的前首府万达利亚（Vandalia）短暂停留。在森林里，他遇到了自己祖先的后裔，即法国的"库里乌尔·德布瓦人"[①]。在政界混迹多年，他也没什么名声，几乎在突然间，他发现自己被推到了拥有最高荣誉和最大风险的职位上。人们会怎么议论这个"几乎不为人所知"、昨天还住在边远地区的人呢？他会说什么？他说了什么？其实他说什么都是对的。

---

① 该地区仍然存在一些法国定居点，并且这些定居点生活着很多法国人。"卡斯卡斯基亚（Kaskaskia）的定居点保留了许多民族特色。来自南方的参观者和定居者，对定居于此的原住民的法式轻松愉快、不争不抢的工业劳动模式及和睦相爱的家庭氛围从未停止过感叹和惊奇。法国人不像他们那些羞怯而沉默寡言的邻居，喜欢隐藏和掩饰。法国人在所有村民的面前，每天在等在家门口的妻子和孩子们的迎接中归来。在田纳西人和肯塔基人眼中，这是每天的奇观。法国人与印第安人自然友好的交往也是令他们惊讶的原因之一。"《亚伯拉罕·林肯》（*Abraham Lincoln*），尼古拉、海伊主编，1904年，第1卷，第58页。——原注

他不会一惊一乍，而是习惯于深思熟虑，做出决定，然后采取行动。但有许多人误解了他的沉思，这些人从未停止过抱怨和抗议他所谓的犹豫不决。出于同样的原因，拿破仑的许多将军有时带着厌恶的语气谈论他们统帅的踌躇，仿佛意志薄弱是拿破仑的缺点之一。面对如此不同寻常的，对所有人来说都很陌生的局面，林肯是政府中最处变不惊的人。他那粗糙而精明的直觉比他那些更有教养、受过更好教导的副手们的聪明头脑更有用。正是林肯的本能牵制着国务卿威廉·亨利·西沃德（William Henry Seward）的复杂计划和危险算计。林肯算得不那么精明，但他能猜得更准。

普雷沃–帕拉多尔在写以上引用的这些话时，参考的文献是现在很著名的林肯的第一次就职演说。但可以这么说，甚至在到达华盛顿之前，林肯就已经考虑好了应对措施。他在前往首都的途中经过费城，在独立大厅受到了款待，并向聚集在那里的听众发表了演说。他说自己经常沉思，想到那些在国家生死存亡时刻挺身而出的人，他们的美德和他们在城墙内经常会遇到的危险，还会想到在这里签署的著名的《独立宣言》。新总统说，该宣言的主旨是"在适当的时候解除所有人肩上的重担，所有人都应该享有平等的机会"。他还补充道："我的朋友们，现在，这个国家能在这个基础上被拯救吗？如果可以，如果我能拯救它，我将认为自己是世界上最幸福的人之一……如果不能靠这个原则来拯救……我宁愿在这里被刺杀，也不愿投降。"①

当时的法国是一个帝国，由拿破仑三世统治。在四年的艰苦斗争中，一部分法国人支持美国北方，一部分法国人支持美国南方，这都无可厚非，因为美国人也是如此。

但对个人来说，越来越多的法国自由主义者准备在自己的国土上建立一个共和政体，他们支持美国废除奴隶制，维护联邦。美国作为榜样给予改革论者极大的信心：美国人已经证明，在一个伟大的现代国家，建立共和政府是有可能的。如果美国的共和政体难以为继，那么我们当中那些相信有一天能建成共和国的人的梦想也会破灭。这些人怀着极度焦虑的心情关注着美国事态的发展。

支持共和政体的人都认识拉法耶特侯爵，这个终其一生信仰自由和坚信美国会解放的"信徒"在1834年就去世了。他留下的传统一直被法国于19世纪培养出来的最优秀、最开明、最慷慨的思想家延续。这些人中就有托克维尔、拉布莱依、加斯帕林②、佩尔唐等，他们都是美国的挚友和自由主义信条的忠实支持者。他们从垂暮的拉法耶特侯爵手里接过火炬，并将火炬传递给新一代！托克维尔没有看到这场大危机。1835年，他发表了关于美国民主的著作并获得了非凡的成就，他提出，美国民主政治的贡献包括个人解放、人人平等和非集权化，这一切也是人们正

---

① 该演讲发表于1861年2月22日。——原注
② 即阿盖诺·德·加斯帕林（Agénor de Gasparin, 1810—1871）。——译者注

逐步努力靠近的方向。而这套民主体系即使仍有瑕疵，也好过独裁政府。虽然生活在君主制下，但他不禁对无所不能的政府所表露出的"仁慈"嗤之以鼻。这类政府出于父权的心态，妄图免去受自己管辖的人民的一切烦恼，甚至避免他们对烦恼有所思考。

当危机来临，那些和他有同感的人，在他们的书籍、小册子和文章中强有力地为联邦的事业辩护，深深地影响着欧洲国家的舆论导向。阿盖诺·德·加斯帕林的《欧洲之前的美国》（*America before Europe*）就是这样的例子。他对美国充满热情，对它的前途充满信心。早在1862年的著作中，他总结道："联邦第十六任总统不会是最后一任；八十五年不会是这个国家的命数；它的旗帜会在战争中飘扬，会被子弹撕裂，被炮火熏黑，但会比以往任何时候都更加辉煌，它的三十四颗星星不会在暴风雨中散落。"[1]

林肯随即给阿盖诺·德·加斯帕林写信道："您的文采让人钦佩，您的慷慨及对自由事业的贡献使您受人爱戴……很庆幸我的事业与您对礼仪和政策的判断并没有冲突。我只能说我坚持信仰，没有私心杂念，愿上帝保佑，我将继续这样做下去。"[2]

不过，我们中仍有人记得革命年代经历过的大考验，正如每个国家都会经历的劫难一样。这些人倾向于认为，正如亚历克西·德·托克维尔说过的："思考"真是一个大难题，而且人们

---

① 《欧洲之前的美国》，巴黎，1862年，结论部分。——原注
② 此信于1862年8月4日写于华盛顿。——原注

也会认为思想家总是招来麻烦。但正是这群思想家，仔细观察着美国发生的一切；国家在民主制度下的悄然发展并没有让他们足够喜悦，因为这实际上是对他们最珍视的理论的谴责。他们总是说，国家没有邻居，就没有危机。在这种得天独厚的条件下，任何政治体制都没有问题。而一旦有任何危机，现有政治体制的各种弊端就会显而易见。暴风雨随之而来，一个"几乎不为人所知"的人要来掌舵了。

然后，著名的斗争开始了。对战双方同样勇敢，但命运不同。悲惨、杀戮，随之而来的一段时光如此黑暗，仿佛在说：这个伟大、强盛、统一的国家很难有机会存续下去，因为仇恨如此之深，损失如此之大。为联邦事业服务的将军中，有一个法国人，第一次当上校指挥一个团，即纽约第五十五团，又称拉法耶特近卫军。该团以法国血统为主，士兵穿法军的红裤子、红罩衫和蓝外套。在战争之前，由于持续的和平，长期以来，这些士兵的职责很少具有战争性，主要参加队列表演和宴会，以至高卢人对此嘲讽不断。拉法耶特近卫军的士兵们给自己起了个绰号，叫"福切特近卫军（Gardes La fourchette[①]）"。[②]当战争来

---

① 法语单词"fourchette"有餐叉的意思。——译者注

② "高卢人总是喜欢开玩笑，他们抓住时机嘲讽纽约第五十五团那些无用的礼服和鼓乐队。在危难时刻，法国人在一位英勇善战的领导人特罗布里安的领导下，为他们的新家园流血献身。战事告一段落后，特罗布里安给自己的军队取了一个搞笑的名字，叫"福切特近卫军"。帕里斯伯爵（Comte de Paris）：《美国内战史》（*Histoire de la Guerre civile en Amérique*），1874年，第311页。——原注

临时，国家发生了变化，一种新思潮弥漫整个国家，于是，"福切特近卫军"又叫回"拉法耶特近卫军"，而且名副其实。

雷吉斯·德·特罗布里安（Régis de Trobriand）将军对这场战役及第一团在这场战役中所做的一切进行了引人入胜的记述。①首先是法国军士在战役开始前匆忙指示："有些人在阿尔及利亚开战，有些人在克里米亚或意大利开战，他们都很熟悉陆战。"然后，特罗布里安的士兵们就来到了华盛顿——当时这里还是一个人口稀疏的小城市，宾夕法尼亚大道是主干道。接着，他们来到洛克溪，当时它还不是公园。他们唱着马赛曲，哼着吉伦丁斯的小曲，为自己的行军打气。当地人都没听过，也许是最后一次听。他们跨过铁索桥，最后在波托马克河岸边扎营。

1862年冬，在一个难忘的日子里，当时驻扎在坦纳利镇的军队招待了林肯。总统手执两面国旗，一面是法国国旗，一面是美国国旗。日期定在1862年1月8日，即新奥尔良战役的周年纪念日。安德鲁·杰克逊赢得了这场战役，他的军队中很多是法国克

---

① 前美国陆军少将雷吉斯·德·特罗布里安：《在波托马克军队作战的四年》（Quatre ans de campagnes à l'armée du Potomac），巴黎，1867年，2卷本。众所周知，有两位法国王室成员曾作为波托马克军的参谋参加了战争，他们是帕里斯伯爵和沙特尔公爵。在场的一位美国军官告诉我，帕里斯伯爵无论骑马还是步行，都有弯腰的习惯。但在一次激战中，他被要求带着命令，完全暴露在敌人的火力之下，穿过一片开阔的田野。他接受了这个任务，在马鞍上挺直身子，飞快地穿过田野，完成了任务，返回时也依然保持着笔直，回到队伍时，又弯下腰来了。——原注

里奥尔人，都曾和着马赛曲的节奏而战。

林肯夫人则陪伴着总统参加军队的宴会。菜品是由军队炊事员准备的，他们当天的厨艺都超常发挥了。"总统尽情地享用了酒宴。他高兴地说，入主白宫以来，他从来没有吃得这么好。他每样东西都想尝一尝，他的幽默诙谐表明他十分享受并从当时的焦虑不安中解脱出来了。"[①]

当然要举杯庆祝，当时的上校特罗布里安的祝酒词是"为联邦的及时重建干杯，但也不要太过迅速，要给第五十五团留点时间在战场上为联邦重建做点贡献"。林肯总统幽默地回答道："既然不能在第五十五团参战之前重建联邦，那么我为第五十五团参战干杯，并希望战斗尽快打响！"

第五十五团和许多其他部队投入了战斗。在弗雷德里克斯堡，1月8日授予的那面美国国旗被霰弹撕成碎片，只剩下旗杆，简直骇人听闻，后来连旗杆都被炸成碎片。然后一切都结束了，第五十五团伤亡惨重，还剩下二百一十人，被并入了第三十三团。

林肯的本能、良好的判断力、公正无私、对朋友或敌人的热情、高瞻远瞩，使他度过了那段血泪交加的可怕岁月。坟墓越来越多。谁也不知道，将来的美国会是一个强盛的国家，还是会成为两个不太强盛但彼此对立的国家？两种可能性都很大。未卜的前途带领林肯度过了最坏的时刻，也度过了最美好的时光。在

---

① 《在波托马克军队作战的四年》，第1卷，第131页。——原注

胜利的时刻，他还是最初的自己：一个精明的人、忠于职守的人、鞠躬尽瘁的人民公仆，只是脸上的皱纹更深，心中的思虑更重，但他依然坚守初心，"我们决不能成为彼此的敌人。"

在第二次总统就职典礼上，一位来自法国的旅行者见过林肯，并描述道："我永远不会忘记，当看到这个长相奇特的伟人走上讲台时，我对他印象深刻。美国人民对他是如此信任。他走起路来，步态沉重、缓慢、有点踉跄；身形瘦长，估摸不止六英尺，驼背，臂膀长如船夫，双手大如木匠，脚也不小。衬衫领子外翻着，脖子粗壮，黝黑；一团黑发，浓密，如松枝般竖立，整张脸让人无法抗拒。

"脸粗糙如树皮，额头饱满，眼神深邃，非同常人。这个身体里的灵魂，至善至美，摄人心魄。额头上，那深深的皱纹，是政治家心中的沟壑和思虑；深邃的黑眼睛里既充满了善意又夹杂着些许忧郁。林肯展现了永无止境的仁慈，并赋予了这个词最崇高的含义，即对全人类最完美的爱。"①

---

① 阿方斯·茹奥（Alphonse Jouault）：《亚伯拉罕·林肯》。林肯遇刺时，作者目睹了刺杀事件。作者在华盛顿开始创作这部作品，但直到1875年才付印。在法国，人们怀着极大的钦佩之情阅读了第二次就职演说的文本。著名的奥尔良主教迪庞卢（Dupanloup）曾写信给奥古斯丁·科尚（Augustin Cochin），说："林肯先生庄严而感人地表达了一种感情。我相信，这种感情在北方和南方的高尚灵魂中都很普遍……感谢您让我读到这位伟人历史上美丽的一页。我请求您向毕格罗先生转达我的同情。如果他能向林肯先生转达这些想法，我将不胜荣幸。"1865年4月2日，奥尔良。1865年，蒙塔朗贝尔（Montalembert）在巴黎创作的《北方的胜利》（*Victoire du Nord*）的附录，巴黎，1865年。——原注

林肯的努力有所成效，国家的局势逐渐稳定，但对他个人来说，厄运降临了，正如他早就预见的那样，他成了自己为之奋斗的事业的殉道者。

　　当林肯不幸去世的消息传到法国，民众的情绪非常激动。在这个庄重的时刻，党派的界线暂时消失了，全国上下都一致对这个消息感到惊恐。皇帝拿破仑三世和皇后致唁电，并向林肯夫人表示慰问。国民议会和参议院投票表决了关于对林肯去世表示悼念和同情的演讲。首相鲁埃先生[①]在发表演讲的时候，掌声此起彼伏，演讲频繁被打断。他在提议投票时说道："在国家动荡不安的痛苦斗争中，林肯先生表现出的冷静和坚定，是履行重大职责的必要条件。在国家危机得以解除、获得胜利后，他展现的则是慷慨、温和和安抚的态度。"他接着说："上帝对罪恶施加的第一个惩罚是使它无力阻碍正义前进的步伐……由一个伟大公民开始的安抚工作，将由国家意志来完成。"

　　主席施奈德先生也以同样的语气向议会发表讲话，他说："这种令人发指的罪行违背了法国人心中的高贵品质，在法国造成了最深刻而普遍的影响……林肯先生在斗争中表现出了坚不可摧的意志，他富有智慧的语言和观点，似乎注定要在美国民众之间促成一场持久而卓有成效的和解……法国热切地希望这个伟大国家的内部及它和它的盟友之间都能重建和平。"

---

① 即欧仁·鲁埃（Eugène Rouher，1814—1884）。——译者注

但比所有这一切更值得注意的是法国非官方的反应，即全体法国人民的感情。刚刚离任的美国驻法国公使毕格罗先生（Mr. Bigelow）在家中写道："大城市的新闻足以显示出公众有多么悲伤。"随后，他还将自己收到的一些慰问信随机抽了一些寄出。他补充道："这些信不仅足以表明法国人民对这一终结林肯总统事业生涯的可怕罪行感到多么震惊，还足以表明法国人民对他的尊重和爱戴有多深。"

　　同时，整个法国都因这位伟人的离世而震动。来自三十一个法国城市的人们都发表了哀悼的致辞；学生们举行了集会，但这令法兰西帝国的警察感到不快。吊唁活动的悲伤情感蕴含了对林肯事业的钦佩及对一个像他这样的领袖所统领的共和国的渴望。组织学生集会的年轻校长向毕格罗转达了"学校里的年轻人"的感受："我们哀悼林肯总统，也是在哀悼同胞；那也是我们的国家，我们把没有奴隶主和奴隶、人人自由的或为自由而战的国家视为我们的国家。

　　"我们是约翰·布朗的同胞，我们是林肯的同胞，我们是国务卿威廉·亨利·西沃德的同胞。我们这些未来的年轻人，必须有勇气去建立一个真正的民主国家；我们必须把目光投向大洋彼岸，去了解一个使自己获得自由的民族如何维护自己的自由……

　　"伟大的共和国的总统已经去世，但共和国将永远存在。"

　　代表们成群结队地涌向美国公使馆，他们"太民主了"，以至警察不止一次干预他们，似乎是在提醒代表们，他们还没生活

 林肯弥留之际。
阿隆佐·查佩尔绘。

在自由的国度。毕格罗在写给国务卿威廉·亨利·西沃德的信中说："我今天整个下午都很忙，接待学生代表和其他前来表达哀思的人。不幸的是，他们的情感在某些情况下表露得如此明显，以至引起了警察的干预，警察只允许非常少量的人穿过街道。听说有人由于情感表达过度而被送进监狱，对此我感到很遗憾。我现在还能看到窗外有十六名警察在附近巡逻，他们偶尔会阻止客人来访，有时候我得亲自把警察打发走。"①

一件不可思议的事情发生了，这在任何地方都是前所未有的。为了给这位不幸的遗孀（林肯夫人）颁发一枚金质纪念章，人们开始募捐。这一举动并不十分让警察满意。有一家地方报纸——《卢瓦尔河灯塔》（*Phare de la Loire*），想到了这个主意，立刻就应者云集。所有大人物都出现在捐赠者名单上：维克多·雨果在其中很显眼，除了他的名字，还有艾蒂安·阿拉戈、路易·勃朗、利特雷、米舍莱、佩尔唐、埃德加·基内等人。为了使贫困阶层的民众也能够参加，以表明这是"真正全民性的善举"，每个捐赠者限捐两美分。

贫困阶层的民众都很乐意参加募捐。善款很快就筹齐了。纪念章制作完成后，欧仁·佩尔唐把它交给了毕格罗，并附上了如下文字："请转告林肯夫人，装在这个小盒子里的是法国的民心。"这段法语题词是对林肯性格和事业的完美总结："法国民

---

① 1865年4月28日。这段文本及刚才引用的文件都出自《刺杀林肯，1865年外交文件附录》，政府印刷局，1866年。——原注

主人士致林肯——曾两次当选美国总统；为人诚实；废除奴隶制；重建联邦政府；没有让自由女神蒙尘。"①

法国媒体对此意见一致，许多人表达钦佩和哀思之情。从保皇党的《法兰西公报》到自由党的《辩论日报》，很多人都在寄托哀思。其中有许多著名的作家、现在或将来的法兰西学院院士，如普雷沃-帕拉多尔、约翰·勒穆瓦纳、埃米尔·德·吉拉尔丹及历史学家亨利·马尔丹，还有1871年国民议会议员、舆论家佩拉，还有一些热心的天主教徒，比如蒙塔朗贝尔。

《法兰西公报》说："我们当中有谁会觉得林肯可怜呢？林肯是一个公众人物，他在美国内战胜利后的安抚工作中遇难，这使他成为已故精英团体中的一员。基佐先生称之为'普鲁塔克营'。作为一名基督徒，他刚刚登上了最后审判官的宝座，与他一同升天的还有四百万奴隶的灵魂。这些奴隶和我们一样，都是按照上帝的形象创造出来的。通过林肯的一席话，这些奴隶被赋予了自由。"②

蒙塔朗贝尔在他的《北方的胜利》一书中，同样用一贯的雄辩和热情表达了对林肯逝世的悲痛，同时他也表达了欣喜，因为"诚实的人民用高尚的方式，赢得了正义事业的成功……我们要感谢上帝。根据最可靠的说法，这场战争没有被犯罪或暴行玷污，其胜利是正义、纯洁的……这个国家现在跻身于世界强国之

---

① 勋章现在归总统的儿子罗伯特·T.林肯先生所有。——原注
② L.德·盖拉德（L. de Gaillard）写的一篇长文，1868年4月30日。——原注

林……昔日，有人曾说："我们跟你们的奴隶制美国没什么好谈的。"而现在，美国已经消除了奴隶制，双方可以谈一谈了"。

尽管蒙塔朗贝尔对战争胜利感到高兴，但他依然对南方及其领导人进行了公正的评价，他说："两个政党、两个阵营，在这场战斗中都表现出了同样的勇气、同样不屈不挠的毅力、同样惊人的力量和同样的牺牲精神。尽管我们的怜惜与同情自始至终都属于北方，但这丝毫不能减少我们对南方的钦佩……是啊，我们怎能不钦佩南方人呢？而我们又会遗憾，这样难得的优秀品质没有奉献给无可指责的事业！那是什么样的男人们？又是什么样的女人们？尤其是那些可敬的南方女性，她们也许是女儿，也许是妻子，也许是母亲……她们的身份或不相同，南方女性在19世纪恢复了罗马人在共和国全盛时期的爱国主义精神、献身精神、无私奉献精神。她们就是在路易斯安那或弗吉尼亚的许多村庄、种植园中的柯雷莉娅、科尼莉亚、波西亚。"[1]

许多自由派人士借机赞扬美国政体以反对欧洲所谓的"民主"。佩拉说："民主与广阔的领土、一个伟大政府的权力及其持续时间并不矛盾，这一点在大西洋彼岸已经得到证明，这就是美国为自由所做的贡献。

"美国人还提出了一个与人类尊严同样重要的理论，美国公民之所以变得强大而有力，恰恰是因为他们很少被管理和支

---

[1] 《北方的胜利》，巴黎，1865年，第7、11、20页。——原注

配。他们还证实，国家真正的伟大，取决于个人的高素质。在旧社会里，权力使人处于监管之下，或者说，人把自己置身于政府的控制之下，向政府寻求在生活中想要的一切、寻求解决办法，但任何政府，不管是君主制的还是共和制的，都无能为力。

"与此相反，美国赋予公众权力。这权力既不多也不少，正是他们应该拥有的东西。"①

普雷沃-帕拉多尔是当时最优秀的作家之一。他在《辩论日报》上说："政治本能使开明的法国人有兴趣维护美国的力量——美国的力量对世界的平衡来说日益重要。法国人希望看到一个伟大的民主国家经受住可怕的考验，并继续树立一个最完美的自由与最绝对的平等相结合的典范。这也是我们之中一些朋友对北方的期待……林肯确实是一个诚实的人，当'诚实'必须与最严峻的、足以动摇国家、足以影响世界命运的考验做斗争时，我们才赋予了这个词完整的含义……林肯先生从当选之日到去世之时，自始至终都只有一个目标，那就是履行他的职责。他的想象从来没有使他超越过这个目标。他虽然扑倒在了圣坛前，鲜血沾染圣坛，但已经完成了自己的职责。所以当他闭上眼睛走向死亡的时候，看到一个被拯救的共和国的壮观景象，他是欣慰的。更重要的是，林肯不只为他的国家而生，他的存在更给世界上每一个珍视自由又热爱正义的人，留下不朽的纪念和伟大的榜样。"②

---

① 摘录自《国家的未来》（*Avenir National*），1865年5月3日。——原注
② 写于1865年4月29日。——原注

为了满足大众的需求，关于林肯生涯的描述层出不穷。最早的一部作品由阿奇尔·阿尔诺（Achille Arnaud）所著，该书在林肯遇难后立即出版了。书中这样总结了林肯的特质："在他身上有一种比政治家和改革家更高尚的品格，那就是责任感。他为责任而活，为职责而行动，不容许任何错误。无论欧洲人是否意识到，他们对林肯的尊敬就是来源于这样的责任感。"因此，阿奇尔·阿尔诺认定——无论是主人，还是奴隶，无论是从事公务的官员，还是默默无闻的公民，人们之间再也不会有两种不同的道德规范。要想成为伟大的人只有一种办法，那就是不对自己说谎，也不对别人说谎，永远做一个正直的人。①

　　雷吉斯·德·特罗布里安对林肯的忠诚从未动摇，即使在最黑暗的时刻，他也依然坚信林肯，因为他看到了这场冲突对整个世界的重要性。他公正地评价道，南北战争虽然直接关系到美国的未来，但它实际上与另一种更深层的东西息息相关，那就是"现代社会和文明国家所追求的先进法则和人身自由，这两样东西值得人们付出一切牺牲来捍卫。因此，美国人在这场战争中不惜一切代价做到了这一点，不只是完成了一项与他们的力量和爱国精神相称的任务，他们的胜利也是人类的胜利"。

　　法国举办了多场关于林肯和美国的演讲。其中一场演讲由拉布莱依担任主持。演讲人是学会成员奥古斯丁·科尚，他赞扬

①　阿奇尔·阿尔诺：《林肯：出生、成长与死亡》，参见《国民舆论》（l'Opinion Nationale），巴黎，1865年，第96页。——原注

道："林肯不只是美国人当中的优秀分子，更是全人类最杰出、最受人尊敬的人之一。他是一位伟人，是一位诚实的伟人。"[①]

1866年，即林肯遇刺的第二年，法兰西学院发起了以"林肯总统之死"为主题的诗歌大赛。华盛顿逝世时，在荣军院举行的葬礼仪式也有过类似的活动。这个主题当时引起了人们极大的兴趣。1867年的诗歌大赛，大约有一百名诗人（说实话，其中一些人只是未来的诗人）参加，留下了几部具有很高文学价值的作品。奖项颁给了前使馆秘书爱德华·格勒尼耶（Edouard Grenier）。当时，他已经成为一名才华横溢的文学艺术家。很多人至今都还记得，他是一个思想正直、恭谦有礼的可爱老人，交际颇广，也有几位挚友。他在作品的结尾这样写道：

> 致所有天上的花朵
>
> 国家的害虫，他们不会胜利
>
> 在孩子们面前，
>
> 感谢您，从现在开始，将会出现在历史上……
>
> 人类应该废除奴隶制……
>
> 美国的力量和恢复的和平，
>
> 使欧洲重获未知的伟大理想，
>
> 未来会有您的形象和名字

---

① 奥古斯丁·科尚：《亚伯拉罕·林肯》，收入"自由文库"（Bibliothèque Libérale），巴黎，1869年。——原注

比恺撒还要高大——在华盛顿附近。

　　一个多世纪以前，在肯塔基州的一个小木屋里，一个孩子出生了，取名为"林肯"。这是他被印第安人杀害的祖父的名字。当时，拿破仑一世席卷了欧洲；托马斯·杰斐逊是美国总统，而美国第二次独立战争还没有爆发。这一切似乎都很遥远，但每个人对这位伟人的记忆都是那么鲜活，仿佛他刚刚离开我们一样。的确，现在知道他的人比他那个时代还多。普鲁塔克说："所有好人的命运是，在死后他们的美德都会升华；而任何邪恶之人对好人的嫉妒永远都不会留下。"这也是林肯的命运。

Chapter V

第 5 章

富兰克林勋章

费城，1906 年 4 月 20 日

The Franklin Medal

Philadelphia, April 20, 1906

富兰克林勋章

为纪念富兰克林诞辰二百周年，美国哲学会在费城举行了一场持续多日的庄严庆典。该学会由富兰克林本人在一个半世纪以前创立。

许多美国名人都参加了这次庆典，例如国务卿伊莱休·鲁特、参议员洛奇（Lodge）、霍勒斯·H.弗内斯（Horace H. Furness）、前任大使约瑟夫·乔特（Joseph Choate）、在任的哈佛大学校长查尔斯·W.艾略特（Charles W. Eliot）、威尔·米切尔（Weir Mitchell）博士，等等。几名外宾也代表各自的国家出席。其中，来自英国的代表达尔文爵士（Sir George Darwin）是查尔斯·罗伯特·达尔文（Charles Robert Darwin）的儿子，他顺利地完成了这次艰巨的任务后，又为自己的姓氏增光添彩了。

根据美国国会两年前通过的一项法律，美国在这次庆典上将授予法国一枚纪念勋章。为再现当时美国国务卿伊莱休·鲁特先生在颁奖礼上慷慨激昂、令人难忘的讲话，同时也为了更好地将这份代表着美国对法国高尚之举的纪念品珍藏，特此附上法国大使的感言。

国务卿颁发勋章讲话

尊敬的大使：

美国国会于1904年4月27日通过法令，要求国务卿应为纪念富兰克林诞辰二百周年而督造一枚金质勋章。按美国总统指示，将该勋章颁赠予法国。

按照总统指示，现在我遵照法令将这枚勋章授予法国大使。该勋章由在美国广受赞誉的艺术家路易和圣高登斯联袂打造。这二人的名字就体现出他们继承了法国杰出的勋章制作技艺的精髓。

该勋章的一面有富兰克林睿智、善良、充满活力的肖像，另一面则体现了文学、科学、哲学的历史积淀。勋章用美国黄金打造，正如富兰克林的赤子之心。

就勋章本身而言，它只不过是热心的博马舍为神话般的奥尔塔雷兹公司所作投资的一小笔红利，仅仅是报答韦尔热纳伯爵和富兰克林深情厚谊的一点点利息。比起拉法耶特侯爵、罗尚博伯爵、格拉斯伯爵等人为我们所做的，比起法国在历史上为美国的独立所做的一切，这枚勋章微不足道。在我们心里，美国能够赢得独立，法国居功至伟。

不过，还是请将其留作纪念吧。它代表着，即使岁月变迁，人们从五湖四海涌入，美国人民也没有忘记先辈和先辈的朋友们。

要知道，美国人对法国心怀感恩，这种感恩之心历久弥坚。

由于你们和富兰克林的关系，我们觉得和远在法国的你们更亲近了。贵国有着灿烂光辉的历史，当全世界都崇敬你们的文学、艺术、精密科学和哲学思想的时候，我们由衷地欣慰，无以言表，但我们心里想："没错，他们和我们是老朋友，并且他们和富兰克林惺惺相惜。"

这位"年长的哲人"初到法国时，谁也不认识，有的只是美国建国初期的寒酸和贫困。对于法国为我们做过的一切，我们应该更加心怀感激。我们认为，对任何热爱人类，渴望和平、繁荣、永恒及国民生活得到不断改善的人来说，法国对文明所做的贡献首屈一指。

我们所能表达的只有感激之情。就像你们曾对待富兰克林那样，我们曾经是，也将永远是你们忠诚的朋友。

法国大使的回应

怀着感激之情，我谨代表法国，接受这枚奉国会之命所制的勋章，上面印着富兰克林精美的肖像，有著名设计师圣高登斯的签名。

这件礼物的每一个细节都紧紧抓住了法国人民的心。它代表了一个在我的国家一直受人尊敬和钦佩的人——他是科学家、哲学家、发明家、人民领袖，是他让法国人民第一次认识到真正的美国人是什么样的。沙特吕侯爵在给富兰克林的信中写道："您在法国时，根本没必要夸赞美国人，只需我们说，'看呐，这就是美国人的代表'。"

这份礼物是由费城提供的。费城有一座大厅，深得美国人民和法国人民的喜爱，这便是独立大厅。费城还有一个以"推广有用知识"为宗旨的协会。这个协会始终忠于自己的原则，无愧于其创始人，并且它的很多成员在大洋两岸都享有盛誉。

很荣幸从国务卿伊莱休·鲁特先生手里接过这枚勋章。他是这个国家培养的最好的人民公仆之一，他在外交领域与军事领域的成就都令人瞩目。同时，他也是为数不多的在任何岗位都能做到卓越的人。我们都已聆听过他的讲话，而且您肯定会同意我所说的：我将要把两件尊贵的礼物带给我的国家——一枚勋章及国务卿伊莱休·鲁特的讲话。

美国向法国馈赠的这件艺术品将被送往巴黎，并保存在那座独特的博物馆——勋章博物馆里。可以说，这座博物馆的历史是用黄金和青铜书写的，从15世纪到现在，它没有错过任何领袖和重大事件。美国的一部分历史在该馆也有所记载——包括那段法国和美国一起走过的辉煌岁月，还有美国一经建立，就一直在崛起的历程。

在勋章博物馆里，有很多其他勋章在等候着这件礼物。其中有：一枚以华盛顿的名义，为纪念1776年波士顿解围而在法国铸造的勋章；一枚以约翰·保罗·琼斯（John Paul Jones）的名

1799 年的独立大厅。
绘者信息不详。

义，纪念1779年海战的勋章；另一枚代表华盛顿的勋章，一枚代表霍华德将军的勋章，以纪念1781年考彭斯战役；一枚是为了庆祝1783年《巴黎条约》带来的和平和美国十三个州的自由[①]；一枚是属于拉法耶特侯爵的；一枚是属于叙弗朗的，他与华盛顿为同一事业而去远海英勇战斗；最后一枚勋章是纪念富兰克林本人的，于1784年完成，上面有杜尔哥为纪念这位伟人而写的著名题词，"他从上天那里取得了雷电，从暴君那里取得了民权"[②]。

我真诚地希望，下一枚被铸造并加入本系列的勋章将是为了纪念这个伟大城市的复兴，这个此刻仍在太平洋沿岸痛苦挣扎的城市。旧金山的灾难[③]唤醒了每一个法国人心中最深切的悲痛，也唤起了人们对在这场可怕磨难中涌现出来的人之刚毅的钦佩之情。因此，我们纪念的将不只是美国民族的悲伤，还有它不屈不挠的英雄主义和活力。

你们的这份礼物将会被收藏于巴黎，陈列在适合它的地方。这枚勋章会提醒成千上万来博物馆参观的人：很久以前愉快

---

① 1783年9月3日，美国与英国在巴黎签署和平条约。——译者注

② 次年12月，一份正式的照会通知美国国务卿，法兰西共和国为保存富兰克林勋章所做的安排："在巴黎造币厂勋章博物馆荣誉大厅（Hall of Honor）的中央，矗立着四个路易十六时期的古代展柜。其中一个展柜被选中用来展示富兰克林勋章，其周围将环绕着下文列举的勋章。这些勋章也被认为最适合组成一批相称的陪衬展品，如果允许这么说的话。"下文介绍了这十六枚纪念法美历史的勋章，它们都被保存在同一展示柜里。"众议院"第五十九届全国代表大会，第二次会议，第416号文件。——原注

③ 指1906年旧金山大地震。——译者注

 1906 年，大地震后的旧金山。
拍摄者信息不详。

地建立起来的两国之间的关系既没有破裂也没有膨胀。参观者们会像先辈一样，怀着崇敬的心情，瞻仰这位被米拉博恰如其分地称为"人类英雄"的人。

富兰克林诞辰二百周年庆典是在旧金山大灾难发生的时候举行的。当时通讯中断，人们都处于焦虑之中。

我在没有得到指示的情况下进行了发言，但法国政府遵守了他们代表的话。他们订制了一枚纪念章，由艺术家路易·博泰（Louis Bottée）设计。这位艺术家曾用一件充满爱的作品获得了"罗马大奖（Grand Prix de Rome）"。纪念章的一面展示了从废墟中崛起的城市，周围环绕着象征青春、繁荣、复兴的元素，另一面是法国从海上向美国伸出月桂树枝的图案。

纪念章只有一枚，是用黄金打造的。1909年，纪念章授予仪式在重建的旧金山市举行。爱德华·罗伯森·泰勒（Edward Robeson Taylor）接过了这枚纪念章。他是政治家、诗人，翻译过埃雷迪亚（Heredia）的十四行诗，后来当选旧金山市的市长。

Chapter VI

第 6 章

霍勒斯·霍华德·弗内斯

1913 年 1 月 17 日代表美国哲学会在费城发表演说

Horace Howard Furness

An address delivered in the name of the American Philosophical
Society, Philadelphia, January 17, 1913

霍勒斯·霍华德·弗内斯

我们相逢在这庄严神圣的时刻。

霍勒斯·霍华德·弗内斯离开了我们，他在工作方面是楷模，在生活中更是典范。多年来，他在静修中带来的积极影响已经远远地超过了国界。表达观点时，他总是温文尔雅，娓娓道来，而他的话语也比一些聒噪文人不知天高地厚的狂言更经得起时间打磨，就如生命力顽强的花儿能在地震中存活下来一样。

富兰克林在自己所处的城市以"传播有用的知识"为宗旨创立了美国哲学会。弗内斯作为其成员，忠于该会宗旨，过着真正的哲学家生活。我直接叫他弗内斯，不加博士或者其他头衔，不是因为他已经不在人世，而是遵从了他的意愿。在我们相识之初，他曾在信中提及："我不喜欢文学界的那些头衔，如果你愿意在称呼我的时候去掉所有头衔，我也会这么对你。研究莎士比亚的人亲如一家。"

凡是具有哲学精神的人，或是坚守哲学信念的人，都算得上是具有最崇高品质的人，不论所处地位的高低和所处年代，他们彼此都是相似的。弗内斯去世后，出现了许多关于他的悼词、传记和肖像画，其中有许多出自大师之手。我不知道是否还有比以下这篇写得更贴切的了。

"他坚持理性，始终如一，他在任何时候都不失幽默，他面容安详，他温文尔雅，他蔑视虚荣，他看穿表象，直击要

义，他有理有据，从不妄言。他无怨无悔地承受不公正的指
责。他做任何事情都不会操之过急……他是诽谤的敌人，他既不
吹毛求疵，也不多疑，更不诡辩。他满足于狭小的房屋、朴素的
衣着、清淡的饮食。他热爱工作，废寝忘食，专心致志。对待
友谊，他淡泊宁静；对待不同意见，他包容并蓄；对待好的建
议，他从善如流，不迷信，不盲从。像他一样去做吧，在生命最
后一刻，你也会像他一样，问心无愧，无怨无悔。"

　　那些真正的哲学家们生活在精神殿堂里，彼此平等，心灵
相通。十八个世纪以前的一幅画，在我看来，它生动地再现了弗
内斯在费城附近的沃灵福德（Wallingford）的生活。这幅画是古
代最高贵的思想家罗马皇帝马可·奥勒留（Marcus Aurelius）所
画，描绘的是他的上一任，即安东尼家族的第一个成员。在其生
命的最后一个晚上，有人问他口令，他回答说："淡定。"

　　弗内斯在哈佛和费城学习，之后访问过欧洲和黎凡特，尽管
身体虚弱，他还是参加了内战。作为一个幸福的丈夫和父亲，弗
内斯决定把他的一生奉献于"推广有用的知识"。在某种程度
上，他退出了尘世，带着现代科学家的装备、沉默的热情和中
世纪思想家的孜孜不倦，无怨无悔、知足常乐、安静地隐居下
来，开始了他一生的工作，与英国古代文学大师、《农夫皮尔
斯》（*Piers Plowman*）的作者合而为一。因为几个世纪前，"披
着赤褐色长袍"的那个人说：

如果天堂在这里，对任何灵魂，

我在修道院或书房里学到了许多技能；

因为在隐居中，没有人来责备和争吵，

那里有书籍可以研读。

　　我们这位已故朋友曾在沃灵福德的住所这样一处静修之地，生活得轻松自在，精神饱满，还可以博览群书。他住在这里，周围都是他那些天赋异禀的家人：他的妻子为莎士比亚的诗歌著了索引；姐姐为他翻译了德国批评家的评论；他的儿子们、女儿和姐姐的亲戚①都在美国文学中留下了印记。在这里，他多年兢兢业业、淡泊名利，忙于自己的工作，甚至在隐居中，他也用柔情和满溢的同情心去倾听——

　　人性的悲寂之歌。

　　现今，弗内斯要完成的任务世人皆知。作为莎士比亚的狂热仰慕者，他希望，关于这位诗人的无论何时何地的一切批判、资料、评论与解释，都能被世人了解。弗内斯的著作，每卷都是一部与莎士比亚戏剧相关的百科全书。第一卷发表于1871年，而第十六卷便是他的最后一卷。

---

　　① 即欧文·威斯特（Owen Wister）。——译者注

在每一卷的前言中，他都对自己的研究目的和方法进行了解释，并且经过深思熟虑之后，进行客观陈述。没有任何一个作家比弗内斯更彻底、更不自觉地让我们窥探他的内心世界。首先，打动读者的是贯穿整个作品的哲学精神。作为美国哲学会的一名杰出成员，他想变得更有价值。生活已经困难重重，并将愈发艰难；因此，知识的获取应当变得越来越容易。他在第一卷中说："节省劳动成本和他人的时间"是促使他写作的原因。他不遗余力地减轻别人的痛苦。所有专家都知道他的文字和陈述具有非凡的可靠性。西德尼·李（Sidney Lee）爵士在《莎士比亚传》（*Life of Shakespeare*）中写道："也许没有谁在研究诗人作品时，会像弗内斯先生为准备新的集注版本那般倾注心血。"

倾注心力是爱的一种方式，人自然会因为所爱之人而忽略自己。弗内斯尽量不表露出热情，但偶尔在一些小细节上，他还是会自然而然地卸下防备，真情流露。莎士比亚称恺撒大帝的大使为"蒂蒂亚斯"（Thidias），而不是后来的编辑们所称的"泰罗伊斯"（Thyreus）。那些编辑们谎称"泰罗伊斯"是恺撒大帝的大使的真名，但他们错了。莎士比亚在给他的作品中的人物命名时，和对待其他所有事物时一样精心。出于某些原因（难道他曾无缘无故地做过任何事吗？），他选择了"蒂蒂亚斯"这个名字……

弗内斯在私人信函中会更加直言不讳，因为不必担心自己的观点会强加给广大读者。关于《安东尼与克利奥帕特拉》（*Antony and Cleopatra*）这部戏剧，我斗胆提出了与他的观点有些不同的意见。他给我写了一封信——这仿佛就是昨天的事："当然，莎士比亚的《安东尼与克利奥帕特拉》不是历史。但谁在乎历史呢？可以肯定的是，如果你和我一样在这部剧中沉浸两年，你也会深深地爱上这部剧。"

事实上，正如弗内斯所言，他确实和剧中人物"生活在一起"，他欣喜若狂地倾听着那些遥远的声音，他那衰弱的耳朵比我们任何人的平庸的耳朵听得都更真切。他比任何人都有权形成观点，但从来不敢把自己的观点强加于人。针对自己的版本，他写道："我并不认为这是一个令人愉快的莎士比亚剧的研究版本。我倒认为这是一件不可避免的坏事。"[1]有一次，他的言论被人批评，他写道："现在我想声明，我的批评者是完全正确的，我是完全错误的。"得益于他本身是哲学家，他的著作基于爱，但也基于理性。他完全倾向于保守的方法。这种方法无疑有一个缺点，那就是他的著作无法得到太多关注。在许多人看来，这是一个很大的缺点，但在他自己看来，这反倒是一种难能可贵的品质。

弗内斯敏锐的判断力及同样令人愉快的幽默感，使他从来没有让读者失望过。当他开始写作时，首先要解决的一个重要问题是：在作品中，是否只涉及文本和哲学上的批评，或者也

---

① 《哈姆雷特》的"导论"。——原注

涉及美学方面的批评，研究纯粹的诗歌还是纯粹的文学？对许多人来说，将美学批评排除在外的诱惑是巨大的。现在，学识未必渊博，却最傲慢的学者们普遍都怀疑那些能欣赏莎士比亚戏剧的人是否认真、勤勉，他们的研究是否有价值，而不是怀疑理解和印刷方面的错误。这伙人出现得并没有人们普遍认为的那么晚。伏尔泰在《美学圣殿》（*Temple du Goût*）一书中，已经代表实事求是学派的杰出批评家，向那些质疑是否需要"参观美学圣殿"的人，做出了回应：

> 先生们，请注意。
> 这不是圣歌，不是圣歌；
> 品位不重要，我们的习惯也不重要
> 一段一段地写，
> 这是我们的想法，这是我们的观点。

而事实是弗内斯一开始就察觉到了，准确性和美感这两种元素就像身体与灵魂一般不能分离。没有准确性，文学批评就只是无稽之谈；但仅仅只有准确性却没有美感，文学批评就如一潭死水。对于很多所谓的美学批评，弗内斯写道："平淡、陈腐、没有意义……但我们能否无视可能有些人的洞察力比我们自己的更敏锐？当柯勒律治①或者歌德②谈论莎士比亚的时候，难道我们不应该满怀热忱、虔诚地聆听吗？"

遵循着这样的原则，弗内斯做出了选择，那就是修剪认为应该修剪的部分，或者如培根③所言："拒绝和排除应该反对的。"但弗内斯又排斥了另一种东西，这是他的一个显著特点。他用温文尔雅（不是懦弱，而是一种男子气概）反抗别人的刻薄。当他看到现代批评中存在不受欢迎但又频繁出现的元素时，他干脆就把它撇在一边了：一位儒雅学者在他的学术著作里是不允许有这样的东西存在的。的确，莎士比亚作品的读者数量仅次于《圣经》，同时引起反响的激烈程度也仅次于《圣经》。弗内斯这位费城的学者希望所有的批评家都能在相应的圈子里保持平和，于是他采用了下面的规则：第一，所有对批评家同行不利的批评都应该尽可能地被排除在外……混淆歌德、施莱格尔（Schlegel）或蒂克（Tieck）是一回事，阐释莎士比亚是另一回事。由于不能引用整本书的内容，所以必须从中选择。弗内斯说："我们竭尽全力，诚实地从每位作者的作品中挑选自己认为最有价值的段落。"那么，很难想象，对其贡献视而不见、只热衷于挑刺的批评家不会像凯瑟琳王后（Queen Katharine）对格

①　即塞缪尔·泰勒·柯勒律治（Samuel Taylor Coleridge，1772—1834）。——译者注
②　即约翰·沃尔夫冈·冯·歌德（Johann Wolfgang von Goethe，1749—1832）。——译者注
③　即弗朗西斯·培根（Francis Bacon，1561—1626）。——译者注

里菲斯（Griffith）那样来对待弗内斯。

> 我死后不希望有别的传令官，
>
> 没有别的演讲者谈论我的行为，
>
> 必须保护我的名誉不受损害，
>
> 除非他是像弗内斯一样忠实的记录者。

弗内斯对法国批评家的友善与欣赏很难不触动法国人的心（尽管法国批评家早期没有什么作为，但毕竟，这些批评家是除英国人外最早对莎士比亚作品发表评论的。最早的评论应该能追溯到1680年左右）。在第一卷的序言中，他说："我特别高兴能把法语的节选展现在英国读者面前。至少在法国，除了研究莎士比亚的学生，很少有人能够知道，此时此刻莎士比亚对法国文学的影响有多大，也很少有人知道，在法国有多少狂热的莎士比亚崇拜者。"后来，他甚至为可怜的杜西斯[①]和他的哈姆雷特说了一句好话："一个真正属于杜西斯的哈姆雷特。"

我永远也不会忘记，在他自己的城市，费城，在1906年4月20日那令人难忘的聚会上，在友好的掌声中，这位伟大的学者以何种语调谈到了法国。根据当时美国国会表达的意愿，美国在其命运问题仍悬而未决的时候，向法国颁发了一枚勋章，以纪念法

---

① 即让－弗朗索瓦·杜西斯（Jean-François Ducis, 1733—1816）。法国剧作家，莎士比亚戏剧的改编者。——译者注

国对富兰克林的接纳。

在早期的岁月里，人们会在前方的道路上看到那些伟大的思想家、科学家、大师。他们崇高、强大，引人注目，像提供树荫的大橡树一样，准备帮助行人。他们看起来如此强大，那么超凡脱俗，以至我们从未想过：我们这种籍籍无名的人有可能会见证他们不再存在的那天。谁曾见证橡树的死亡？谁能想到有一天自己会护送着罗伯特·勃朗宁（Robert Browning）的遗体到威斯敏斯特，或为伊波利特·泰纳（Hippolyte Taine）、加斯东·帕里斯（Gaston Paris）的逝去而哀悼？我对弗内斯的感觉和对他们的感觉一样，想着这棵结实的橡树怎么可能会倒下呢？

然而，他本人却对此心存疑虑，而且在最近几年中，已经去世的亲人似乎都在向他招手。1909年，他给我写信："您还记得我的姐姐威斯特夫人吗？我很荣幸在富兰克林诞辰纪念活动时，向您介绍过她。我现在生活在她离世的阴影中。去年11月，她孤零零地，带着对'沉默之声'的渴望去世了。"再后来的一封信写道："我已经被命运击垮了，我怀疑您再也不会收到一份打印的信，上面写着'勿忘我'。"

现在，轮到我们了，美国哲学会的成员们、全世界莎士比亚学会的成员们、无数文学界的成员们，我们也渴望"沉默之声"。弗内斯用来封缄信函的印章上刻着座右铭："这也将消逝。"这是对马可·奥勒留皇帝的坚定与顺从哲学观的最好总结。

对他来说，庄严又悲伤的时刻也来了。不过，只要这个瞬息万变的世界上还有什么可以保留，只要人类还能够欣赏真诚的作品，弗内斯的名字就不会消失，而是会活在每位学者充满感恩的记忆中。

Chapter VII

第 7 章

从战争到和平

1910 年 12 月 17 日在美国司法解决国际争端协会发表的讲话

From War to Peace

An address delivered before the American Society
for the Judicial Settlement of International Disputes, December 17, 1910

从战争到和平①

　　和平意味着进步吗？战争的消失是进步的标志还是衰落的标志？最近，那些专注用显微镜工作的有学问的人透露，在他们研究过的各种现存生物中，竞争是主旋律：罢战息兵之时，生命也就停止了；而且来到世界上的生物比这个世界能养活的生物要多，因此消灭弱者是必要的，这也是进步的条件。搏斗、战争、暴力意味着发展；和平意味着衰败。将无理性的虫兽的命运及境况推及具有理性的人类，这是个大胆的概括。既然这是命运，为什么还要抗拒不可避免的事情，讨论和平的意义何在？

　　通往更美好生活的道路上的绊脚石已经被科学移除了。那些资质平平的学生们认为，伟大的达尔文得出的笼统结论已经被仔细验证过了。其他一些实验，例如达尔文如果在世也会去做的实验，也都被尝试过了，而且实验结果被写入了我们的教科书中。这确实是一项伟大的成果，令人瞩目。事实证明，对变革论、进步论、生存论的解释，不是在确保"适者生存"的无休止的争斗中找到的，而是在平静地适应环境、气候的过程中发现的。我们法国人很自豪地看到，早在达尔文之前好多年，让-巴蒂斯特·德·拉马克（Jean-Baptiste de Lamarck）就已经揭示了这些真理。现在几乎在世界各处，特别是在美国，人们都对

────────

① 本发言全文与1910年12月17日的发言一模一样，只增加了几句注释和参考资料。——原注

拉马克表达敬意。1809年，他出版了《动物哲学》（*Philosophie Zoologique*）。这部著作长期默默无闻，不过现在声名鹊起。

至于个体的过度繁衍，达尔文所不知道的统计数据表明，无论是甲虫还是鱼类，它们都会根据生存法则采取措施来解决自己的问题。至少对人类来说，无须通过自我毁灭来避免过度繁衍的危险。在世界范围内，控制人口增长速度是必要的。这个问题很严峻，在某些情况下，甚至已经迫在眉睫了。

战争并不是我们不可避免的宿命，而且"通过和平解决争端"这条道路上的大部分障碍已经被扫清了。几个世纪以来，人类在可怕的苦难中走过了漫长的道路。过去的主要危险及我们这个时代的部分危险，并不是来自不可避免的命运，而是源于人们及其领袖的个人倾向。我们很早就知道，这些个人倾向是什么。过去的编年史学家经常理所当然地说出"国王在这个季节去打仗"这句话，就像说国王是要去钓鱼一样稀松平常。广大人民不仅看到了战争中的美，比如一场正义之战，最高级别的将领军纪严明；而且看到了一种纯粹的美：国家和人民都以铁血军人为荣，他们往往会从敌人的痛苦中找到一种纯粹的快感。

这就是当时的感觉。对那些在罗马、奥尔维耶托（Orvieto）、帕多瓦的城墙上，或在北方教堂的大门上呈现审判日情景的艺术大师们来说，他们没有一个人能想到，在把罪犯凶猛地逼入绝境的天使中，画上一个脸上带着泪水的天使。这滴泪能让这位艺术家比他所有的艺术品都更出名。流下那滴眼泪，不是因为酷刑有可能被认为是不公正的，也不是因为受审判者无罪，而只是因为那是酷刑，因为那些人犯了罪。

艺术家属于他们的时代，传达他们时代的思想。长期以来，圣人和思想家的教导收效甚微。正如蒙田所说，战争是一种"人类的疾病"。在巴斯德出现之前，人们一直认为战争和狂犬病一样是不可能治愈的。然而，随着人类更加了解自我，抗议的声音开始被倾听、被理解；人类开始猜想"法律面前人人平等"可能指日可待。托克维尔评论道，没有什么能像平等一样仁慈。①

在几个世纪的历程中，所有带领人们去赢得权利的伟人，确实可以被称为"现代的英明先锋"，他们用理智来维护国际和平。就比如，在让·博丹（Jean Bodin）生活的时代，推崇专制似乎是不可避免的。但他对各国政府的研究是以共同利益为基础的，他反对马基雅维利。马基雅维利将自己的著作命名为《君主论》（*The Prince*），而博丹将自己的著作称为《国家论》（*The Republic*）。博丹的一些反对所谓"强者权利"的思想及他的一

---

① 在这一点上，他非常坚持。他说："这一规定具有平等所激发的魅力。"根据他的说法，"当条件更加平等时，人们对战争的激情将变得更加罕见，也不再那么强烈"。他在其他地方写道："当平等原则不仅在一个国家中发展，还同时在几个邻国之间发展时……他们就会为和平设想同样的爱……最后，他们会认为战争对征服者和被征服者来说几乎都是一场灾难。"但这个目标还没有实现，与此同时，"这些国家无论多么渴望和平，都必须随时准备击退战争。换言之，它们必须有一支军队"。摘自《论美国的民主》（*Démocratie en Amérique*），1865年，第14版，第3卷，第444、445、473、474页。——原注

些原则在之后的很长一段时间里都有体现，例如美国的独立和法国的《人权宣言》。[①]

这样的思想家确实配得上"先驱"的称号。还有像胡果·格劳秀斯（Hugo Grotius）这样的伟人，生前的名望对他的国家产生了影响——如今我们选择在他的国家召开和平会议。胡果·格劳秀斯后来定居在法国的桑利斯附近，为路易十三献上了关于战争与和平的著作。这部著作由于谴责了轻率的战争和肆意的暴行，十分值得纪念。[②]

很快，因此被授予名誉的人越来越多了。比如：帕斯卡、圣皮埃尔、百科全书派、康德[③]、边沁[④]、托克维尔等人。

[①] 让·博丹：《国家六论》（*Les Six Livres de la République*），巴黎，1576年。这部著作非常成功，有无数版本。作品明显反对马基雅维利，称其为"这条暴君的走狗"。国王是一定要有的，但国家的东西不是他们的，而是共和国中公民的必需品。船上没有人能扮演旁观者，尤其是在暴风雨天气里。所有乘客必须自我激励，提供他们力所能及的帮助："自暴风雨侵袭我们共和国的航船以来，领袖和水手们都疲惫于不断地工作。乘客必须伸出手来，用帆、绳索和锚保护自己，而身体虚弱的人，可以向掌管风雨的神许愿祷告，因为每个人都面临着巨大的危险。"〔序言，致龙萨的朋友，法官兼诗人，居伊·迪·福尔·德·皮布拉克（Guy du Faur de Pibrac）〕对让·博丹来说，和平是理想；然而，"在必要时候，必须发动战争来击退暴力……维护一个秩序井然的共和国的边界是正义的，而不是挑衅"。这是理想状态，但由于尚未达到，所以维持一支常备军是必要的，"而把三分之一的财政收入分配给军队并不是太多"，尤其是当你拥有"好战的邻居"时。以上情况正适用于生活在土壤肥沃、气候温和地带的法国人。——原注
[②] 《战争与和平法》（*De Jure Belli ac Pacis*）（3卷本），巴黎，1625年。——原注
[③] 即伊曼努尔·康德（Immanuel Kant，1724—1804）。——译者注
[④] 即杰里米·边沁（Jeremy Bentham，1748—1832）。——译者注

帕斯卡的《思想录》（*Thoughts*）一书，总结了很多已经发生的事，预言了一些将要发生的事情。比如这句话："当决定是否应该发动战争，或决定是否应该判处这么多西班牙人死刑时，不应只由一个人说了算，而且这个人本身就有倾向性。这应该由不偏不倚的第三方来决定。"

不久，奇怪的圣皮埃尔神父（Abbé de Saint-Pierre）写了些作品，在他那个时代被认为是荒诞的梦想，而在我们这个时代没有人会再读了。根据最新的批评者的说法，如果圣皮埃尔神父来到现代，他根本不会感到沮丧，反而会说："这是最好的结果，你们不再需要研究我的作品，因为你们几乎已经把我所有的想法都付诸实践了。现在就剩下《论永久和平》（*Perpetual Peace*）还没有被证明，[①]但它也会像其他的作品一样，终将被证明。"

---

① 《使欧洲永久和平的计划》（*Projet pour rendre la paix perpétuelle en Europe*），（3卷本），第1713—1717页。圣皮埃尔神父想建立一个所有政府都支持的和平联盟；联盟中任何一个成员违背了盟约，都会被其他成员抨击。国家间的分歧应该通过仲裁来解决。圣皮埃尔神父之前的法国修道院院长是埃默里克·克吕塞（Emeric Crucé），他的著作《代表在全世界建立普遍和平与贸易自由的可能性和方法的演讲》（*Nouveau Cynée ou Discours d'Estat représentant les occasions et moyens d'establir une paix générale et la liberté du commerce par tout le monde*）在巴黎出版〔现代版，T. W. 巴尔奇（T. W. Balch），英译版，费城，1909年〕。克吕塞赞成在威尼斯设立最高仲裁法院，每个君主都会有自己的代表："如果有人反抗如此著名的公共法令，他将会受到其他所有国王的羞辱。国王们会找到办法使他理智。"（巴尔奇主编，第104页）——这是一个仍然在讨论的计划。与这些理论家相关的值得一读的作品还有：阿尔贝利科·真蒂利（Alberico Gentili）的《战争法》（*De Jure Belli*），第1588—1598页。——原注

《论永久和平》尽管还没有被证明，但毫无疑问已经扎扎实实地向前推进了。其中最主要的一步是在几年前发生的，这是令人意想不到的，从疑惑地想知道它什么时候开始，到现在彻底地接受它。就像所有伟大的发明一样，人们想要知道，在事情发生之前，它是如何进行的，例如，俄罗斯皇帝尼古拉二世召集的第一次海牙会议。

1898年8月，俄方公告表示："维持全面和平，并尽可能削减积压在所有国家身上的过多的军备，把真实情况呈现给世界，这应该是各国政府努力追求的理想……日益增长的财政开支，从源头上影响了社会的公共繁荣；人的智力和体力、劳动和资本，大部分都偏离了它们的自然功能，被无端消耗掉了……要终止这种无休止的军备，并设法防止威胁整个世界的灾难，是当今所有国家的最高责任。"

当人们一个接一个地走过来说：我可以从云层中引出闪电；我可以飞到空中；我可以把你的话和想法传达到无限远的地方；我可以通过接种狂犬病疫苗来治愈狂犬病；我可以让你与千里之外的朋友交谈；我能在海底航行……这时，人们的惊讶和怀疑程度不亚于这篇讲稿给世界带来的震撼。这类话题让人觉得是在异想天开，许多最乐观的人都几乎不抱成功的希望，认为这种想象要经过好几代人才能实现。

没过多久，我碰巧在圣彼得堡有幸被俄罗斯皇帝尼古拉二世接见。我们谈论的话题是"伟大的设计"——这是两个世纪

1899 年在豪斯登堡宫橙色大厅召开的第一届海牙会议。
拍摄者信息不详。

前，法国国王亨利四世提出的一个非同寻常的计划的名字。新运动的发起者对其最终结果的坚定信念，以及他即使在刚开始时遇到了困难和延迟，也永不言弃的性格，都使我感到震惊。尼古拉二世用一句话总结了他的观点："种橡树要比种花等待的时间更长。"

的确更长，但其实也不是非常长。第一次海牙会议召开了。我可以说，由怀特[①]和莱昂·布儒瓦（Léon Bourgeois）等政治家和思想家率领的两个共和国的代表团，在这次会议上履行了民主精神的理想和传统赋予我们的职责。尽管仍旧存疑，第一次会议还是取得了意想不到的成功。八年后，在西奥多·罗斯福总统的合理建议下，第二次会议召开了。现在，这个原以为无用的、只存在于构想中的机制已为全世界的人所接受；第三次会议的大致日期也已确定。起初，各国政府怀疑这样做是否有用，但现在，它们想要举行更多此类会议。

这话说得正是时候。托克维尔认为，哲学家的教诲及经验的传授、革命的结果、真实的平等意识赋予人们的怜悯之心，都使种子落在了事先准备好的土地上。我们从这么近的地方看，都几乎没有意识到已经开始的运动如今变得如此伟大了。十几年前才提出的实践理念已经取得了很大的进展。从第一次海牙会议到现在签署的仲裁条约，比创世纪到第一次海牙会议之间签署的仲

[①] 即安德鲁·迪克森·怀特（Andrew Dickson White, 1832—1918）。——译者注

裁条约还多。如果允许我提及自己的感受的话，我认为，实现两个国家之间正式批准的第一个条约，或美国与任何欧洲大国签署了条约，都让我感到非常自豪，并且我很高兴这样一个老传统能延续下去。在同美国签订条约方面，无论是商业条约、同盟条约，还是友好条约，法国一向在各国中率先响应。[①]

事实上，橡树的生长速度比播种者自己预料的要快，很多国家都可以"在树荫下歇息了"。海牙法庭已经接收到几项重要呼吁，其中美国带头并做出了最好的榜样。大多数大国已经尝试过的实验具有多方面的好处：这些实验表明，危险的争吵能得到体面的解决；还有，法庭工作机制中存在缺陷，应当予以补救。

西奥多·罗斯福总统、威廉·霍华德·塔夫脱总统，以及国务卿伊莱休·鲁特、国务卿诺克斯[②]的公开讲话和公告都指出了建立一个常设法庭的重要性。该法庭设有常任法官，费用由相关国家支付。这些法官选自德高望重的人，不受信仰或国籍的束缚，是真正的世界公民，适合当审判世界的法官。

第二次会议确保了这些意见在未来能实现。法国衷心地赞同这些意见。而事实上，在第一次会议期间，法国确实已经开始朝

①　第一次（也是唯一一次）缔结联盟条约（1778年），第一个友好商业条约（1778年），第一个领事公约（1788年），第一个扩大美国领土的条约（1803年）。唯一缺乏的例子是战后的和平条约，这是有充分理由的。——原注

②　即菲兰德·蔡斯·诺克斯（Philander Chase Knox，1853—1921）。——译者注

着连续性和持久性迈出了最初的步伐。

鉴于各国政府的态度越来越开明，似乎类似于这样一个私人协会所做的工作相对来说不太重要。事实恰恰相反。它的力量巨大，因为它可以直接作用于推动改变世界的杠杆：舆论。这种杠杆是如此强大，以至即使在过去，在民众不是主宰者的时代，舆论也必须被认真对待。像黎塞留（Richelieu）或拿破仑这样专横的领袖，也比任何人都清楚这一点。伟大的哲学家培根甚至以讽刺的口吻说过："众口铄金。"不过，舆论如果有时能击败某些"真理"，那么它就能更好地捍卫真理。随着教育的传播，随着人们通过书籍、期刊、公开会议和自由讨论更容易地了解思想，舆论对抗真理的力量已大大减弱，而它有益的力量则得到了增强和净化。

你们认识到这一点，并采取了相应的措施。虽然你们是以私人身份这样做的，但实际上与第二次海牙会议上一个有远见卓识的人为美国代表们所做的指示相一致。美国国务卿伊莱休·鲁特教导与会代表们：永远不要忘记"会议的目的是达成协议，而不是强迫"，"达成的协议应该是真诚的而不是勉强的"。

毫无疑问，这就是我们要走的路，坎坷不平、危机四伏。其中一个危险是对各国的要求来得太多、太快，导致各国担心，如果自己做出任何让步，自己将一步步地陷入这样的境地：在和平解除武装之后，作为一个国家能否延续下去将取决于另一个国家的意志、诚意和优秀的美德。另一种说法是，无论在何种情况下，战争本身都是可憎的，都会引起舆论对宣扬和平的人，乃至对其宣传的全部内容的反对。

请不要忘记，即使是在"乌托邦"这个到处都是拥有良好美德的公民、视战争为洪水猛兽、不存在于任何实地的虚拟之境，也没有废除所有的战争。托马斯·莫尔（Thomas More）爵士告诉我们，乌托邦人操练军队、发动战争只出于两个原因：第一，"保卫自己的国家"；第二，"将入侵盟友土地的敌人驱逐出去"。[①]我们过去曾发动过此类战争，不必装出追悔莫及的样子。

这类战争在今天仍然是不可避免的，否认这一点只会增加和睦国家之间产生反感情绪的危险。我们希望并且必须争取的是，随着人类的发展，更好地了解我们的邻国，认识到各国之间的差异并不一定是弊端，批评也不一定是威胁。知道了这些，这样一个组织会给很多国家更好的指导。也许有一天，同样的舆论会使上述乌托邦人发动战争的两个理由都站不住脚。而托马斯·莫尔爵士正是基于这两个理由而认定战争不仅是必要的，而且是高尚且道德的。

---

① "尽管他们每天都在操练，不仅是男人们，连女人们也要在指定的日子操练，以免在战斗中被杀死，但如果不是必须的话，他们从不打仗。他们打仗要么是为了保卫自己的国家，要么是为了将敌人赶出他们朋友的土地，或者通过他们的力量解救受欺压的民众，帮助其从暴君的枷锁中解脱出来。这是他们出于怜悯和同情而做的。"拉尔夫·鲁滨孙（Ralph Robinson）的译本，第一版，1551年，第132页。——原注

以"犹太人所有的罪孽"为由来挑起战争同样是危险的，这种做法的风险是人们不仅反对宣扬和平的人，而且反对其宣扬的全部内容。当和平主义者告诉我们，由于19世纪早期的战争，法国只剩下劣等人来延续种族时，我们不禁要问：法国是如何孕育了维克多·雨果、大仲马[①]、路易·巴斯德的？他们都是拿破仑的士兵的后代。我们想知道，尽管存在着所谓的"在法国，最弱者得以生存下来延续种族"的说法，那它又是如何会有这么多的思想家、哲学家、诗人、艺术家、士兵和探险家的呢？昔日"皮毛商人们"的冒险精神又是如何在我们的时代再次苏醒，并在亚洲、非洲和其他地方取得了显著成绩的呢？飞艇、汽车、潜艇、摄影的发明者，镭的发现者又是如何在我们的土地上诞生的呢？最近，人们对体育运动的热爱又为什么重现了呢？就像在遥远年代，足球和板球在法国粗糙的摇篮中刚刚诞生时一样活跃。

夸大其词无济于事，反而会带来伤害。我们如果追随真理，就一定会迎来更好的时代。真理已经处于更好的时代了。前几个世纪中的几次战争分别持续了一百年，接着一次是三十年，再之后一次是七年。而现在，尽管战争的灾难性一如既往的严重，但另一个事实是，两场战争之间的间隔更长了，并且

---

① 即亚历山大·仲马（Alexandre Dumas，1802—1870），法国浪漫主义作家。代表作有《基督山伯爵》《三个火枪手》等。——译者注

战争只持续了一年。[①]美国可能即将庆祝与英国保持和平一百周年，我们法国也是。

我们正在走向更真实、更长久的和平时代，也许有一天真正的和平终将到来。早在我们的时代之前，就有过这样的预言。不仅有一个像圣皮埃尔神父那样的梦想家，还有一个对人类、战争、和平有着深刻见地的人，他特别考虑到贸易对各国的影响，他曾经说过下面这样一段话。

"虽然我假装对商业没有什么特别的了解，对未来也没什么远见，但作为一个新生帝国的成员，作为一个博爱主义者（如果允许我这样表达），作为一个伟大的人类共和国的公民，我有时会忍不住把注意力落在这个主题上。我的意思是，我情不自禁地怀着愉快的心情去思考：今后商业对人类行为方式和整个社会可能产生的影响。在这些场合，我思考人类是如何像兄弟般亲如一家的。我沉溺于一种快乐之中，也许是一种美好的想法之中，因为这个世界显然没有以前那么野蛮了，它的改善一定是进步的。各国在政策上变得更加人性化，野心和引起敌对的原因正在日益减少。总之，这样的和平时期不再遥远了，因为自由和自由贸易带来的好处将在很大程度上战胜战争带来的破坏和恐怖。"

---

① 大部分战争持续的时间更短。然而，在这一点上及在许多其他方面，目前的这场战争是一个例外。德国在1914年8月1日对俄罗斯帝国宣战（在说服奥地利采取同样行动的五天之前），在1914年8月3日对法国宣战，在1914年8月4日对比利时宣战，这相当于也对英国宣战了。——原注

1786年8月15日，华盛顿在给拉法耶特侯爵的信中这样写道："伟大的人类共和国的公民"。[①]

　　可以肯定的是，我们已经取得了切实的成果。我们如果采取明智的行动，前景会更好，这也是毫无疑问的。人类渴望生活里不要有太多麻烦，并且一直朝着这个并非遥不可及的目标迈进。事实就是如此。我们可以确信，正如威克里夫（Wyclif）常被引用的一句话："真理必胜（Truth shall conquer）。"

---

① 当谈及华盛顿的观点时，我们可以适当引用富兰克林关于大国间友好关系的观点。1783年10月16日，他在帕西写信给朋友大卫·哈特利，其当时是英国的和平全权代表之一："如果我让英国、法国和美国签订一个家族契约，你会怎么想？美国如果能够在永久和平中团结'她的父亲'和'她的丈夫'，'她'就会像萨宾（Sabine）的女孩们一样幸福。重复的战争是多么愚蠢啊！你们并不想征服和统治彼此，那么，你们为什么要不断地互相伤害和毁灭呢？为了促进每个国家的内部福利，我们做了多少了不起的事情。在过去的七个世纪里，我们进行疯狂的战争，互相作恶。我们如果把愚蠢地耗费掉的财力和人力，都用于促进每个国家的内部福利，那可以做多少了不起的事情，可以建起多少桥梁、道路、运河及其他为公众造福的公共工程和机构啊！"参见《文集》，斯迈思编，第9卷，第107页。——原注

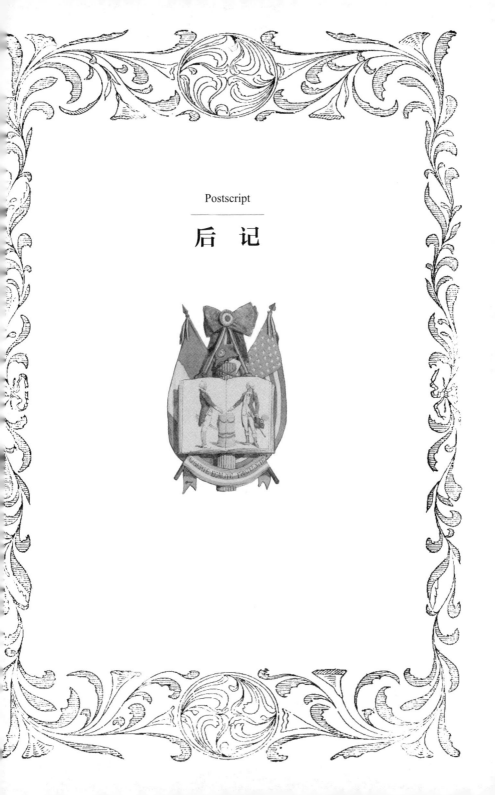

Postscript

后　记

这篇演说发表几年后，战争的阴云开始聚集。德国阻止了俄国在第一次海牙会议上为限制军备而采取的任何行动。[①]在完全和平的情况下，当其他国家倾向于认为自己的武装过多而非不够的时候，德国突然通过了一项法律，以此急剧扩张军事力量。

1913年5月，也就是在第一次世界大战爆发前不到一年，前法国驻海牙代表团主席莱昂·布儒瓦先生在震惊之余，写了一封信，谈到了德国的这一举动；热爱和平的民主国家在面对这种意想不到的事件时应该做些什么及和平与仲裁理念的未来。这封信[②]很值得关注，内容如下。

"有一个事实使我们感到非常痛苦，起初可能会让我们心烦意乱。目前提交给德国国会的法案将以一种令人生畏的方式增加军备，也迫使法国做出巨大的努力，并且蒙受损失。对此，我们必须果断且迅速地达成共识……

"没有人比我更痛恨欧洲正在放弃的这些愚蠢的武器，而且我也不会忘记。正是我于1899年在第一次海牙会议上起草并捍卫了支持限制世界军备的协议。但我也不会忘记1907年第二次会议之后我在参议院说过的话：'对我们这些坚定拥护仲裁与和平的人来说，裁军是一种结果，而不是一种准备。要使裁军成为可

---

① "尽管法国作为军事力量最强的国家之一，和其他各国政府一样支持俄国的提议，但德国代表提出的反对意见过于尖锐，难以调和。"摘自约翰·W.福斯特（John W. Foster）：《仲裁与海牙法庭》（*Arbitration and the Hague Court*），波士顿，1904年，第32页。——原注
② 文本见《时光》（*Temps*），1913年5月12日。——原注

能，人们必须首先感到自己的权利是有保障的。首先必须建立起权利保障机制，有了保障，各国才能放下武器……'"

我们要和平，我们更要强大。我们要知道如何去等待。欧洲所承受的过重负担，将会比人们预期的更早产生一种不可抗拒的舆论动向。这种动向将使充满智慧、相互尊重、真正安全的政策成为必需。

其中的主要因素将会是舆论。人们可以期待眼下的这场战争会有助于促进全世界范围的舆论。